La banda de París

Piedad Zurita Sáenz de Navarrete

· Colección dirigida por Concha Moreno García

NIVEL MEDIO

SOCIEDAD GENERAL ESPAÑOLA DE LIBRERÍA, S. A.

Primera edición, 2000
Quinta edición, 2007

Produce: SGEL - Educación
          Avda. Valdelaparra, 29
          28108 Alcobendas (MADRID)

© Concha Moreno García
  Piedad Zurita Sáenz de Navarrete

© Sociedad General Española de Librería, S. A., 2000
  Avda. Valdelaparra, 29 - 28108 Alcobendas (Madrid)

ISBN: 978-84-7143-836-2
Depósito Legal: M. 41.167-2007
Impreso en España - Printed in Spain

Coordinación editorial: Julia Roncero
Cubierta: R. A. Comunicación Gráfica
Fotocomposición: Carácter
Impresión: Nueva Imprenta, S. A.

Índice

Introducción

Esta colección de lecturas está pensada para estudiantes extranjeros. Su objetivo principal es **entretener**, hacer que el alumno **disfrute** con la lectura y animarle a buscar otras lecturas para seguir aprendiendo. Los autores quieren que los alumnos pasen un buen rato leyendo, que amplíen sus conocimientos culturales y lingüísticos y que, si lo desean, debatan en clase los temas propuestos.

Una de las características de esta colección es que las novelas que la integran no son textos adaptados, sino creados específicamente para el nivel al que corresponden. Todas están concebidas para que el docente trabaje cada novela a fondo, no como relleno o para pasar el tiempo. Ofrecen una amplia variedad de actividades y ejercicios que pueden desarrollarse en casa y en el aula. En efecto, después de cada novela hay una sección con la explotación de los textos, que ha sido pensada para desarrollar la comprensión lectora, para mejorar y profundizar en la gramática y el vocabulario, y para practicar la expresión oral y escrita.

Por otra parte, si los estudiantes desean simplemente leer y comentar sus propias impresiones, pueden hacerlo sirviéndose de las preguntas de comprensión lectora.

Al final de cada novela se ofrecen soluciones a las preguntas planteadas en las explotaciones. Se deja libertad de realización a las actividades de interacción o de expresión escrita. Dado que hay un solucionario final, son lecturas que pueden ser usadas de forma autodidacta.

En todas las novelas el lector encontrará notas a pie de página con explicaciones culturales o aclaraciones de frases hechas. Algunas palabras van marcadas con un asterisco que remite a un vocabulario final, traducido a tres idiomas. La trama de las novelas es variada pero, en todas ellas, la intriga y el humor son un ingrediente básico.

La colección de lecturas *LEE Y DISFRUTA* es un complemento necesario para las clases de español como lengua extranjera, no sólo por su contenido lingüístico sino, además, por su contenido cultural.

EL EDITOR

5

I

[Handwritten annotations in margin: "oliver de alemania / clara de españa. / David -irlandés / trabajar de / lector / Patrik — sueco / tomar un / clase de / e, parid"]

Era una tarde calurosa de mediados de septiembre. Clara estaba en el aeropuerto de Málaga esperando a Oliver, su novio.

Se habían conocido el semestre anterior en Colonia, cuando ella estudiaba allí con el Proyecto Erasmus[1]. Ahora él venía a Málaga a hacer lo mismo. Clara le había buscado un piso con otros dos chicos extranjeros: un sueco, Patrik, que estaba haciendo un curso superior de español, y David, un irlandés, que había venido a trabajar de lector* en un Instituto.

El avión aterrizó, y al cabo de un rato apareció Oliver, sonriente, con su enorme bolsa de viaje y su guitarra. Tras el cariñoso recibimiento, se dirigieron al nuevo domicilio de Oliver. Sus compañeros le causaron muy buena impresión, y el piso le pareció cómodo y agradable.

No le resultó nada difícil acostumbrarse a su nueva vida; iba con Clara a la playa, paseaban por la ciudad, salían un rato todas las noches y un día fueron a visitar la casa de Picasso[2], la Alcazaba y el castillo de Gibralfaro[3]. La ciudad le pareció alegre aunque un poco ruidosa. No había visto tantas motos en su vida. La noche malagueña le encantó; había a esas horas más gente en los bares y en la calle que en su ciudad por las tardes.

Cuando empezaron las clases tuvo que repartir un poco su tiempo. Todo marchaba sobre ruedas*. Lo único que echaba de menos era tocar la guitarra en un grupo, como hacía en Colonia, pero hasta entonces le había resultado imposible entrar en contacto con músicos malagueños.

Un domingo de octubre, Oliver fue a desayunar a un bar y allí vio un cartel de un grupo que pedía un guitarrista. No lo dudó ni un segundo y llamó.

---

[1] El Proyecto Erasmus consiste en un intercambio de estudiantes universitarios europeos.
[2] El célebre pintor Pablo Ruiz Picasso es de Málaga. Su casa está en la céntrica plaza de La Merced.
[3] La Alcazaba y el castillo de Gibralfaro son construcciones árabes desde las que se divisa toda la bahía de Málaga.

—¿Sí?

—Hola, me llamo Oliver Kutz, y soy alemán. Llamo por lo del anuncio del guitarrista.

—Hola, ¿qué tal? Soy Fede. Oye... ¿has tocado antes con algún grupo?

—Sí, en Alemania, en Colonia.

—¿Podrías venir esta tarde al sótano* donde ensayamos?

—Por supuesto. ¿A qué hora?

—A las siete. ¿Sabes dónde está la calle Agua?

—No, ni idea.

—Es una bocacalle* de Calle Victoria. El número 4.

—Vale, ya lo encontraré.

—Te espero a las siete. Sé puntual, por favor.

—Hasta las siete.

—Hasta luego.

Cuando Oliver llegó, Fede ya lo estaba esperando. Le presentó a Antonio que era el bajista, a María, que tocaba la batería, y por último le explicó que él tocaba los teclados* y cantaba. Bajaron al sótano, tocaron juntos varios *blues* que sonaron muy bien y Oliver quedó así incluido en el grupo. Sacaron unas cervezas de un viejo frigorífico para brindar* por el nuevo guitarrista.

Al salir de allí a Oliver le faltó tiempo* para ir a buscar a Clara y ponerla al corriente* de todo. Tenía que ir a ensayar todas las tardes y pronto iban a actuar en bares de la costa.

Pasado algún tiempo, los llamaron: por fin iban a tocar a Torremolinos. Oliver había pedido a Clara que fuera con ellos. Al llegar al sótano, les dijo:

—Espero que no os moleste que la haya invitado.

—Por supuesto que no —contestó María, mientras la miraba—. Me suenas de algo*.

—Y tú, a mí, también.

—¡Ah, sí! Ya caigo* —dijo Clara—. Tú trabajabas antes en un bar de la calle Beatas, ¿verdad? Sí, de eso te conozco.

—Sí, ahora me acuerdo ¿No solías venir con Elena? Éramos compañeras en el instituto.

—Bueno, chicos, ha llegado la hora. A ver si nos lucimos*.

Llegaron al bar que poco a poco se fue llenando. En cuanto empezaron a tocar, Oliver se sintió feliz. Todo el mundo bailaba y aplaudía, y al acabar, gritaron: ¡Otra! ¡Otra! ¡Otra!... y, claro, tuvieron que atender las peticiones del público.

8

Antonio - bajista
María - la batería
Fede - los teclados y cantaba

II

Una noche de mediados de noviembre, fueron a tocar a Marbella[4] a un local original, bien decorado, con las paredes llenas de fotografías de los grandes del jazz, del rock y del blues. Clara estaba sentada sola y, cuando el grupo llevaba actuando un buen rato, se acercó un hombre de unos treinta y cinco años, que le preguntó:

—¿Te gusta cómo tocan?

—Sí, muchísimo.

—¿Los conoces?

—¡Ya lo creo! Uno de ellos es mi novio.

—Me gustaría que me los presentaras porque yo me dedico a* contratar músicos.

—¿Sí? ¿En serio?

—Sí, sí, en serio, mira, aquí está mi tarjeta.

Clara leyó: "Richard Heywood - Agente de espectáculos", y más abajo la dirección y el teléfono de Marbella.

Al acabar, los músicos se dirigieron a la mesa de Clara. Tras la presentación y una breve charla, el agente les dijo:

—Necesito contratar un grupo para que actúe dentro de dos fines de semana en un Hotel de Casablanca. ¿Os interesa?

—¡Hombre, depende! -dijo María

—Es una oportunidad estupenda. Os pagaré el viaje, el alojamiento* con media pensión*, y una cantidad de dinero. Tendréis que tocar dos veces el viernes y otras dos el sábado.

—Todo esto suena muy bien, pero lo del dinero hay que hablarlo y dejarlo muy claro -insistió Fede.

—Oye, pero ¿esto es seguro? -preguntó Antonio.

—Que sí, hombre, que sí. Podéis comprobar que todo es verdad. Si me esperáis, voy al coche un momento y os traigo un folleto del hotel y la documentación que tengo, y así os quedáis tranquilos. Con respecto a lo del dinero, ahora mismo lo negociamos.

—Vale.

En cuanto Richard se marchó, se pusieron a hacer planes. Les apetecía viajar a Marruecos, especialmente a Casablanca. Recordaban la película del mismo nombre y, entre risas, María se puso a tararear *'As time goes by'*.

El agente volvió con la documentación y se fueron poniendo de acuerdo.

---

[6] Marbella: ciudad turística y cosmopolita de la Costa del Sol. Tiene excelentes playas y un puerto deportivo muy famoso: Puerto Banús.

—La única cosa que os pido es que adaptéis vuestro repertorio a un público de turistas.

—Hombre, no es lo que más nos gusta, pero si conocemos un poco Marruecos, y, además, cobramos bien... ¡Tampoco vamos a ir ahora de puristas*! ~~neither/nor~~

—Bueno, entonces ya está todo arreglado. El sábado próximo quedamos en algún bar de Málaga y os llevo el contrato y el dinero prometido.

En el coche, Clara le confesó a Oliver que le encantaría ir con ellos y él le dijo que le haría muchísima ilusión* pasear con ella por Casablanca.

III

El jueves siguiente a las cinco de la mañana se reunieron en el sótano y cargaron todos los instrumentos y el equipaje. Clara iba con ellos, como habían quedado, y también se apuntó* Patrik.

Subieron a la furgoneta*. Habían decidido ir sin parar hasta Marbella pues hasta ahí, todos conocían muy bien la Costa del Sol. Iban muy callados, escuchando música. Pasaron Marbella, cruzaron San Pedro de Alcántara y Estepona⁵ sin detenerse, porque todavía no había amanecido. Al llegar a Algeciras⁶, siguieron todos los indicadores hasta encontrar el puerto. El mar estaba bastante tranquilo, tan sólo soplaba una levísima brisa. Cuando el barco zarpó*, subieron a cubierta* y se instalaron allí: era un placer disfrutar de esa suave brisa y contemplar el mar tan azul como el cielo, imprescindible para entender la pintura de Picasso, —pensó Oliver. ¡Qué maravilla sentir el sol invernal que calienta y alegra! La travesía del Estrecho fue muy breve*. Patrik divisó Ceuta⁷ en el horizonte y con voz de sueño preguntó:

—¿Desde cuándo es esta ciudad española?

María, cuya madre era ceutí, contestó enseguida:

—Desde el siglo XVI. No es una ciudad muy grande, unos 70.000 habitantes, pero tiene mucho encanto. Mi abuelo vive allí, y yo voy una o dos veces al año a visitarlo.

---

⁵ Localidades muy turísticas de la Costa del Sol.
⁶ Algeciras es una localidad de la provincia de Cádiz.
⁷ Las ciudades de Melilla y Ceuta, en el norte de África, son españolas desde los siglos XV y XVI.

Continuaron hablando mientras se iban aproximando al puerto. Minutos más tarde les avisaron por megafonía que fueran hacia los coches porque el barco iba a atracar*.

Richard les había señalado en un mapa la ruta hasta Casablanca. Iban a pasar por ciudades cuyos nombres, especialmente a Oliver y a Patrik, les resultaban totalmente exóticos: Tetuán, Tánger, Asilah, Larache, Ksar el Kebir, Rabat y, finalmente, Casablanca. El viernes muy temprano habían planeado ir a Meknés, y el sábado querían dedicarlo a deambular por Casablanca, y el domingo visitar Rabat.

Atravesaron la ciudad y entraron en Marruecos. Fueron parando en los lugares que habían previsto. Lo miraban todo con muchísimo interés. Les impresionaba el colorido, el ir y venir de la gente, la luz...

Iban muy animados hablando de música y tarareando canciones. Al llegar a Casablanca tenían que ir directamente al Hotel Internacional a dejar todos los instrumentos y a hablar con su agente, para ultimar los detalles*.

El tráfico era intensísimo y sólo lograron llegar tras escapar de un atasco*. Como no podían encontrar sitio para aparcar, Fede le dijo a María:

—Sube la furgoneta a la acera, que voy a preguntar dentro del hotel dónde podemos dejarla.

—Vale, te esperamos, pero no tardes mucho, que seguro que alguien va a enfadarse con nosotros.

—Buenas noches, ¿qué desea?

"Menos mal que aprendí francés en el colegio" —pensó para sus adentros* Fede.

—Soy uno de los músicos que van actuar este fin de semana. Tenemos la furgoneta mal aparcada y nos gustaría dejar todos los instrumentos en el hotel.   pequeño camión

—Ah, sí. Ahora mismo les abro la verja*.

Fede volvió y dijo:

—María, van a abrir para que pasemos.

Nada más entrar, dos empleados del hotel los condujeron a un almacén* que estaba en el sótano, y, muy amablemente, les ayudaron a transportarlo todo.

—Bueno. Muchísimas gracias y hasta mañana.

—Por favor, casi se me olvida —dijo Fede—. ¿Nos pueden explicar cómo se va a nuestro hotel?

Era complicadísimo. Se perdieron un montón de veces por las calles de Casablanca pero, finalmente, lograron dar con él*.

—Éste no es un cuatro estrellas, ¿eh?

—No, la verdad, hay una pequeña diferencia con el Internacional.

—Dejad de quejaros, que no está tan mal.

IV

A la hora prevista estaban todos bien despiertos, con caras de haber descansado estupendamente. Se sentaron a desayunar y Oliver les preguntó:

—Chicos, ¿qué os parece si vamos hasta Meknés como habíamos planeado?

—Por mí, estupendo.

—De acuerdo si llegamos a tiempo para la actuación.

—¡Qué pesado te pones algunas veces! Tranquilo, hombre, tranquilo, ya sabes que siempre somos puntuales.

Después de reponer fuerzas, se pusieron en marcha. La ciudad les pareció muy interesante y tuvieron tiempo de hacer algunas compras. Llegaron con tiempo de sobra al Hotel Internacional, tocaron suavemente la bocina*, el portero les abrió la verja, y un empleado los condujo a un gran salón.

—¿Habéis visto ese cartel? Somos nosotros.

—Pues claro, las actuaciones se anuncian, ¿no?

—Y además en tres idiomas. ¡Qué famosos nos vamos a hacer!

Efectivamente, en la puerta había un cartel que anunciaba su actuación en árabe, en francés y en inglés. Lo leyeron y se sonrieron unos a otros. La sala era muy espaciosa y estaba lujosamente decorada. Inspeccionaron el lugar donde se iban a colocar, miraron hacia el techo para comprobar los focos*. Todo perfecto. Habían tocado en muchos lugares, pero ninguno era tan elegante ni tan selecto como éste.

—¡Qué lujo! ¿Qué hace un grupo como el nuestro en este lugar? -pensó Antonio.

—¿No ha llegado todavía el señor Richard Heywood? -preguntó Fede, un poco extrañado.

—Perdonen, había olvidado comunicárselo. El señor Heywood ha llamado diciendo que no puede venir, pero no se preocupen, el señor El-Saloud, que es el encargado de relaciones públicas del hotel, se ocupará de todo.

Al fondo del salón había una puerta pequeña. Salieron por ahí a una especie de vestíbulo con dos escaleras, una a la izquierda y otra a la derecha. El empleado tomó la de la izquierda y los demás le siguieron. Abrió la puerta, encendió la luz y allí, en aquella gran habitación vacía, pudieron ver sus instrumentos y una caja de cartón con las cuerdas de repuesto. No había nada más. Arriba, el encargado de relaciones les estaba esperando.

—Vamos a ensayar un poco antes de empezar —propuso Antonio.

Un camarero abrió las puertas del salón y la gente empezó a entrar. A las once y media Fede hizo la presentación en español y después en inglés. El público, compuesto en su mayor parte por turistas, les pareció un poco frío, pero conforme avanzaba la actuación se lo fueron ganando*.

V

A pesar de que se habían acostado a las tantas*, al día siguiente se levantaron temprano para ir a patearse* Casablanca, que superó con creces* la idea que tenían sobre ella. Regresaron a su hotel y aún tuvieron tiempo de descansar. Todos estaban a la hora convenida en el comedor, menos Clara.

—¿Dónde está Clara, Oliver? —preguntó Antonio.

—Está hablando con sus padres por teléfono.

Un poquito más tarde entró en el comedor, guapísima. Se había recogido el pelo en un moño*, llevaba un vestido de seda verde, unos pendientes y una pulsera que Oliver le había comprado por la mañana, un abrigo negro sin abotonar, y unos zapatos de tacón muy alto.

En la sala había más gente que el día anterior, el público era más variado y se notaba que, en general, tenía ganas de divertirse. En el descanso algunos jóvenes se acercaron a felicitarlos.

Ya habían tocado tres temas de la segunda parte cuando, de pronto, a Oliver se le rompió la cuarta cuerda de la guitarra. Pidió disculpas públicamente e hizo una seña a su novia.

—Clara, no tengo aquí las cuerdas, por favor, baja rápidamente al almacén. Están en una caja de cartón.

—Creo que tienes alguna cuerda en la funda de la guitarra, mira a ver.

—Sí, tienes razón. Hay una segunda y una cuarta.

—De todos modos voy a bajar a buscar más. Ahora mismo vuelvo.

Clara salió por la puerta trasera*. Vio las escaleras que salían del vestíbulo y cogió la de la derecha. Al llegar al almacén intentó abrir la puerta pero no podía. —«¡Qué raro!» —pensó—. «Yo creía que la habíamos dejado abierta».

La cerradura no era nada difícil de abrir. Era como la del cuarto de baño de su casa. En el centro del pomo* había un agujerito; se quitó una horquilla* del moño, la metió y, al momento, la puerta se abrió. Lo primero que vio en el centro del almacén fue una maleta grande, abierta, llena de revólveres y pistolas, y un montón de pasaportes. También le dio tiempo de ver y escuchar a las personas allí reunidas, que, extrañadas ante su aparición, tardaron unos instantes en reaccionar, pero enseguida dos hombres se abalanzaron* sobre ella; uno la agarró por las manos y el otro le tapó la boca. Había otros tres hombres más en la habitación. Tres de ellos parecían europeos o norteamericanos, uno era asiático porque tenía rasgos* orientales muy pronunciados y el otro árabe.

—Te has equivocado de lugar y has visto demasiado así que no sueñes con que te dejemos marchar.

Esto lo dijo en inglés uno de los hombres de aspecto europeo, pero tenía un acento poco británico, parecía de algún país del este de Europa.

A Clara, que entendió perfectamente a pesar de su pánico, se le agolpaban* las preguntas —«¿Qué está ocurriendo? ¿Por qué está esta gente en el almacén? ¿Por qué he tenido que encontrarme con ellos? ¿Qué pensarán hacer conmigo?»—. Sentía dentro de su boca el sabor amargo y frío del miedo. Le temblaban las piernas y quería gritar y llorar, pero no podía. Una mano grande y carnosa se lo impedía. Otra le sujetaba las muñecas* por detrás haciéndole un daño terrible. Sentía que la angustia se apoderaba de ella.

—Salim —dijo el que había hablado antes y parecía el jefe—, coge tu coche del aparcamiento y llévatela. Dylan, tápale los oídos a la chica.

El hombre al que el jefe había llamado Dylan, de aspecto europeo, se acercó a ella y le metió sus dos dedos índices en los oídos. Clara creyó que iba a desmayarse*. Le hacía daño y como la presión era tan grande sintió un vértigo tremendo, pero a pesar de todo aguzó el oído* y consiguió escuchar buena parte de lo que decían.

—Salim, llévate a Jimmy al Club Náutico con la maleta, pero no entres, que no te vea el guarda. Jimmy, en cuanto salga el sol, pon rumbo a* Rabat, alguien saldrá a tu encuentro. Salim, después lleva a la chica a la discoteca *"La lune"* y deja el coche en una especie de jardín-almacén que hay detrás. Ahora mismo voy a llamar a El Tuerto*, que es el propietario, y me debe más de un favor.

De pronto el hombre que le estaba tapando los oídos dejó de hacerlo.

—«¡Qué alivio!» —pensó Clara.

—Tú, chica, vas a salir con estos dos hombres- dijo señalando a Salim y a Jimmy— con toda naturalidad y vas a ir con ellos en coche. No intentes hacer nada extraño porque los dos van armados y no dudarían ni un momento en matarte. ¿Has entendido?

Clara, aterrorizada, asintió con la cabeza.

Salieron los tres juntos del almacén. No había nadie, se veía muy poco porque la noche era oscura y esa parte trasera del hotel estaba mal iluminada. Llegaron, sin hacer casi ningún ruido, hasta el aparcamiento.

—Jimmy, quédate aquí con la chica y la maleta mientras yo saco el coche. En cuanto aparezca, os montáis rápidamente.

Jimmy apretaba con todas sus fuerzas las muñecas de Clara, le estaba haciendo un daño terrible, pero ella no se atrevía a decir nada. Presionó tanto que la pulsera que llevaba se le soltó y cayó al suelo. Subieron al coche, un Mercedes negro bastante nuevo, pero con una gran abolladura* en la puerta del conductor. Clara sentía un horrible dolor de cabeza. «¿Adónde me llevan? ¿Qué van a hacer conmigo? ¿Qué me está ocurriendo? ¿Encontrará alguien mi pulsera?»

—Mira, ya estamos llegando al Club Náutico. Salim paró el coche a unos doscientos metros de la entrada, ató las muñecas de Clara antes de que Jimmy se bajara y cogiera la maleta, y la amenazó:

—No te voy a tapar la boca, ni te voy a atar los pies, pero como intentes gritar o escapar, te juro que no lo cuentas*.

Clara no respondió nada, pues comprendía que todo intento de huida traería consecuencias fatales. Juntos y en silencio los dos prosiguieron su camino.

—Buenas noches —saludó el guardia en inglés—. Una noche fría.

—Sí —respondió Jimmy—, buenas noches. Si el día amanece bueno, y está el mar en calma, me marcho. ¿Estará usted aquí para prepararme la cuenta?

—Sí, mi turno acaba a las ocho de la mañana, pero dudo de que usted pueda irse porque ya hay un poco de temporal* y según me han informado por radio, parece que va a empeorar.

Jimmy reprimió su gran contrariedad* y se despidió:

—Pues, hasta mañana.

* * * * * * * * *

En cuanto Salim arrancó el coche, se dirigió a la discoteca *"La lune"* y, al llegar, preguntó por el dueño. Enseguida apareció El Tuerto, que era un griego de unos cincuenta años. Le dijo que ya había hablado con Sergei y que le acompañara al patio trasero de la discoteca a aparcar el coche. Allí, entre las torres de cajas de bebidas, apenas se veía. Sacaron a Clara maniatada, tapándole la boca, y la bajaron al almacén de la discoteca. Le sellaron los labios con esparadrapo* y le ataron los pies. Apagaron la luz y la dejaron completamente sola y a oscuras*. No podía gritar, no podía moverse, no podía ver. "Creo que me voy a volver loca" —pensó, y rompió a llorar*.

* * * * * * * * *

Oliver estaba muy extrañado. No había visto subir a Clara, y ya hacía un buen rato que había bajado. Empezaba a tener malos presentimientos. Entre canción y canción se lo comentó a Fede:

—¿Dónde estará Clara? Hace mucho tiempo que ha bajado y no ha aparecido.

—No te preocupes. Estará dando una vuelta por el hotel.

—No lo creo, porque dijo que subía inmediatamente.

—Venga, no te comas el coco* y concéntrate que aún nos queda mucho tiempo para terminar la actuación.

—Espero que vuelva pronto.

* * * * * * * * *

Los tres hombres que se habían quedado en el almacén fueron subiendo uno tras otro, con unos minutos de diferencia, a sus respectivas habitaciones del hotel. La chica les había estropeado todos sus planes. Ahora, Sergei, el que parecía ser el jefe, tenía que cambiar la operación para que no los detuvieran. «Pero, ¿por qué y para qué había entrado la chica en el almacén? ¿Quién era? ¿Con quién estaba? ¿Cuándo y quiénes empezarían a buscarla?» Tenían que andar con pies de plomo*, pues sabían que la policía estaba intentando descubrir a una banda de traficantes de armas*. Él tenía sus contactos. Cogió el teléfono móvil. Primero llamó a Dylan.

—¿Sí?

—Dylan, soy yo. Coge mañana el primer vuelo para París. Ya recibirás noticias, pero no llames a nadie. Nadie debe saber que estás allí.

—De acuerdo, adiós.

Después, también por el teléfono móvil, llamó a Mister N., el hombre de aspecto oriental.

—¿Sí?

—Mister N., soy yo, Sergei. Mañana, coja el primer vuelo para Madrid, y una vez allí, salga para París. Yo me pondré en contacto con usted. Nadie debe saber que usted está allí. Adiós.

Mister N. no dijo ni adiós, simplemente colgó el teléfono.

* * * * * * * * *

Oliver estaba deseando terminar la actuación, pero el público pedía más. Miraba con extrañeza a Fede. Éste le hacía señas de que tuviera calma y no se preocupara. Por fin se despidieron entre los aplausos del público.

—Por favor, acompañadme a buscar a Clara.

—¿Dónde está? —preguntaron los otros que no se habían enterado de nada.

—Hace más de media hora que ha bajado al almacén a coger las cuerdas de la guitarra y, aunque ha dicho que subía inmediatamente, aún no ha vuelto.

—¡Qué raro! Venga, vamos a bajar al almacén —dijo Antonio.
Salió el primero y cuando iba a coger la escalera de la derecha, todos le dijeron que era la de la izquierda. Llegaron al almacén y vieron que la caja de las cuerdas estaba en su sitio.

—Clara no ha estado aquí —dijo Oliver—. Algo extraño le ha ocurrido.

—Oliver, no seas alarmista. Vamos a buscarla por el hotel.
Se acercaron al mostrador de recepción, el señor El-Saloud que llevaba ya un rato esperándolos para pagarles, les preguntó qué ocurría. Oliver se lo explicó. No le pareció muy normal, pero tampoco le dio demasiada importancia. Le pidió a la recepcionista que la llamara por megafonía.

—«Clara Hermoso acuda a recepción» —dijo con voz firme.

* * * * * * * * *

En ese momento, el hombre que parecía el jefe de la banda llegó al vestíbulo. La recepcionista volvió a repetir el mensaje, pero Clara no acudió. El jefe escuchó disimuladamente la conversación. Oliver se sentía angustiado.

—Señor El-Saloud, le digo que mi novia ha desaparecido.

—Pero es muy pronto para sacar esas conclusiones. Tal vez se ha ido a dar una vuelta o está tranquilamente durmiendo en la habitación de su hotel.

—No, Clara nunca se habría marchado sin avisarnos. De todas formas, voy a llamar a nuestro hotel.
Nada. Clara no estaba tampoco allí. La llave estaba en recepción.
El relaciones públicas del hotel estaba un poco extrañado.

—La verdad, sí que es raro. Yo tengo que irme a casa, pero si no aparece de aquí a unas horas, no duden en acudir al director del hotel o al Consulado español. Buenas noches. Encantado de haberles conocido y espero que todo se solucione pronto.

* * * * * * * * *

Sergei, que, aunque era armenio, hablaba perfectamente italiano, pudo comprender casi todo lo que había oído. «Así que esta gente está buscando a la chica». Se sentó en la butaca más próxima al mostrador de recepción, encendió un cigarrillo y cogió un periódico.

* * * * * * * * *

La pobre Clara no podía más. Pensaba: «¿Se habrá dado cuenta Oliver de que he desaparecido?, ¿podrá encontrarme?, ¿se le ocurrirá llamar a mi padre?» Tenía las manos dormidas porque las cuerdas le apretaban mucho las muñecas y también le dolían los tobillos*. Se tumbó como pudo en el suelo, cerró los ojos e intentó descansar.

VI

—¿Sí?

—Sergei, soy Salim.

—Cuelga y llámame enseguida. Estoy en el vestíbulo del hotel y voy a subir a mi habitación.

Nada más entrar en su habitación, recibió la segunda llamada de Salim.

—Ya he hecho lo del coche. En cuanto pueda, El Tuerto buscará a alguien de confianza para que le cambie la matrícula y le arregle la carrocería. La chica se ha quedado bien atada y a oscuras en el sótano. Voy a hacer la maleta, diré en el hotel que me marcho a ver a mi madre porque está grave. Me iré al aeropuerto a coger el primer vuelo que encuentre a cualquier parte. Seguiremos en contacto.

—Vale, hasta luego, pero dentro de dos días tienes que estar en París.

Marcó el número de teléfono de Jimmy.

—Jimmy, el grupo de músicos que actúa en este hotel está buscando a la chica, que por cierto es española. Uno, que no es español, y que parece ser su novio, quiere hablar con el director del hotel. En cuanto amanezca, pon rumbo a Rabat.

—No sé si podré, hay temporal, el barco empieza a moverse demasiado. Seguiremos en contacto.

* * * * * * * * * *

Clara no había conseguido dormirse. Estaba tan asustada y con tal sensación de agotamiento que no podía ni pensar. El recuerdo de Oliver, de sus padres, de sus hermanos, hizo que unas gruesas lágrimas brotaran, de nuevo, de sus ojos.

VII

Todos se sentían preocupados y también impotentes, no comprendían qué le había pasado a Clara. Habían mirado por todo el hotel. Habían salido a buscarla al jardín. Nada. Todo inútil.

—¿Os acordáis de que cuando yo he intentado bajar al sótano, he cogido la escalera de la derecha y vosotros me habéis dicho que era la de la izquierda? —dijo, de pronto, Antonio.

—Sí —contestaron todos.

—A lo mejor a Clara le ha ocurrido lo mismo y ha bajado a otro lugar.

—¡Venga! ¡Vamos a ver!

Bajaron y encontraron una puerta exactamente igual que la otra y también con la palabra 'almacén' escrita en tres lenguas, la abrieron. Dentro no había nada, pero María, peseguidora acérrima* de los fumadores, dijo:

—Aquí ha fumado alguien no hace mucho rato. Hay que buscar alguna colilla*.

—Mira, por una vez tu manía contra el tabaco no me parece tan mala.

—Deja tus comentarios para otro momento* y haz algo.

Buscaron atentamente y encontraron una aplastada en el suelo. Oliver la cogió con todo el cuidado, usando un pañuelo de papel, como había visto en las películas.

—Mirad —dijo Patrik—, aquí han apoyado algo rectangular y pesado. Se nota por las señales que ha dejado en el polvo del suelo. ¿Una caja? ¿Una maleta? No lo sé.

Cuando ya iban a cerrar la puerta, Oliver miró insistentemente el suelo.

—María, Clara llevaba esta noche unos zapatos negros de tacón alto, ¿verdad? —preguntó Oliver.

—Sí —confirmó María—, ¿por qué?

—Fijaos todos en las huellas* que hay en el suelo. Hay muchas de zapatos de hombre, pero hay unas de mujer y podrían corresponder a los zapatos de Clara.

—Creo que tienes razón, Oliver, parecen las huellas de Clara —corroboró* María, sintiendo que un escalofrío recorría su cuerpo.

—Tengo que llamar a su padre para contárselo. Creo que Clara se equivocó de almacén y se encontró con algo ilegal o prohibido y se la han llevado para que no hable —dijo Oliver excitadísimo.

—Puede ser verdad —dijo Antonio.

—Todo esto me da miedo, es como una pesadilla —añadió Fede.

—A veces la realidad... —María se cortó y miro a Oliver—. "Será mejor no echar más leña al fuego*".

Subieron a recepción. En ese momento había un hombre despidiéndose. La recepcionista le decía:

—Espero que su madre mejore. Voy a llamar a alguien para que le baje su maleta al aparcamiento.

—Gracias, no hace falta. He estacionado el coche fuera del hotel, muy cerca. De verdad, no llame a nadie, no hace falta. Adiós.

—Adiós, señor Benayar.

En cuanto el hombre se marchó, Oliver entró en la cabina y llamó al inspector de policía Juan Hermoso, padre de Clara.

—¿Sí?

—Soy Oliver, el novio de Clara.

—¿Qué ocurre?

Aunque al Inspector Hermoso le alarmó aquella llamada, mantuvo la calma para no preocupar a su mujer, acostada a su lado.

—Mire, perdone que le llame a estas horas*, pero es que estoy muy nervioso y preocupado. Estábamos tocando, y de pronto se me rompió una cuerda de la guitarra. Clara bajó a buscar las de repuesto al almacén donde estaban nuestras cosas y no la he vuelto a ver.

Oliver le contó de un tirón* todo lo que había ocurrido. El padre de Clara aprovechó el respiro del muchacho para decirle, fingiendo que hablaba con un compañero,

—Perdona, Pedro, voy a ir al teléfono del salón para no despertar a Carmen.

—Oliver, ya puedo hablar, has dicho algo de una cerradura, ¿cómo era?

—Sólo tenía un agujerito en el centro del pomo.

—Como las de casa. Clara la ha encontrado cerrada y la ha abierto con alguna horquilla como suele hacer y..., —el inspector hizo sus propias conjeturas y concluyó: —Algo extraño le ha ocurrido. Es una chica formal y responsable; ella nunca se marcharía sin avisar. No te muevas del hotel, no le cuentes nada de esto a la recepcionista y yo iré llamando para informarte. Te voy a dar el número de mi teléfono móvil, apunta: 601564439, y por favor, dame el del Hotel Internacional.

Oliver se lo dio y, tras anotarlo, terminó la conversación, añadiendo:

—Este asunto no me gusta. Seguiremos en contacto.

El inspector volvió a su habitación y explicó a su mujer:

—Carmen, me ha llamado Pedro para decirme que tenemos una misión especial. Voy a preparar la bolsa de viaje. Creo que será cuestión de poco tiempo, dos o tres días.

No era la primera vez que esto ocurría, por eso su mujer creyó a pies juntillas* las palabras de su marido.

—Ten mucho cuidado, Juan. Ya sabes cuánto me inquieto cuando estás fuera.

—No te preocupes, mujer, que tendré cuidado.

Le dio un beso.

—Te llamaré en cuanto pueda.

VIII

Salim cogió un taxi.

—Al aeropuerto, por favor.

—Sí, señor, ahora mismo.

El taxista tenía muchas ganas de hablar. El pasajero, sin embargo, le respondía con monosílabos*. Nada más llegar, Salim se dirigió a los servicios, miró por debajo de las puertas para ver si había alguien. No había nadie. Abrió su maletín y sacó una barba y un bigote postizos*, de pelo natural, perfectamente hechos, y un pegamento* especial. Se los pegó, presionó durante un minuto. También sacó del bolsillo interior de su chaqueta unas gruesas gafas sin graduar y se las puso. Salió del servicio, se dirigió al lavabo, se dio unos ligeros retoques y pensó: —«¡Perfecto!». Volvió a abrir su maletín, sacó un pasaporte falso, miró la foto, se miró en el espejo y se dijo: —«Adiós Salim. Bienvenido Hamid Fouad, ciudadano de Egipto».

Satisfecho con su nueva identidad y su nuevo aspecto físico, se dirigió a consultar el panel de salidas*. Había muy pocos vuelos a esas horas de la noche. No había vuelo directo a París, pero sí uno para Zurich. Quería hacer unas gestiones bancarias en esta ciudad suiza y, desde allí, cogería otro vuelo para la capital francesa.

Fue a la cafetería, cenó algo rápido. Se acercó al puesto de las revistas y compró una de coches. Se dirigió al mostrador y pidió un billete para Zurich, en clase preferente. Se sentó, leyó la revista por encima* y pensó: —«Todo va a salir bien, pero, ¿qué van a hacer con la chica? Es guapísima». Era un hombre frío y cruel, sólo le conmovían los coches, los barcos y las mujeres. El dinero era la razón de su vida y no tenía escrúpulos para conseguirlo.

* * * * * * * * *

21

Oliver dijo a sus amigos:

—He hablado con el padre de Clara y me ha dicho que tal vez esté en lo cierto. Le parece que puede ser un asunto peligroso. Por favor, marchaos a dormir.

—¡Ni hablar! —dijo María. No te vamos a dejar aquí solo.

* * * * * * * * * *

Juan Hermoso bajó al portal de su casa y desde allí llamó a su buen amigo Pedro, el Inspector Jefe de policía, un hombre soltero, afable* y perspicaz*.

—Dígame.

—Pedro, perdona por la hora. Necesito ir a tu casa, tengo problemas.

—Vale, vale, te espero —contestó Pedro, extrañado y preocupado.

En cuanto llegó, se lo contó todo. El Inspector jefe le dijo:

—Juan, somos compañeros y amigos desde hace tiempo. Te conozco, conozco a tu mujer y a tus hijos. Sé que Clara es una chica estupenda y que nunca haría algo así. Hace unas tres horas que no da señales de vida*. Realmente es muy extraño, pero es imposible movilizar a la policía. Te comprendo y sé lo que estás pasando. Te pido algo muy difícil: piensa como profesional y no como padre. Imagínate que ahora recibimos una llamada diciendo que una chica italiana, que está en un hotel de Málaga y que tiene veintiún años ha dicho que bajaba un momento al bar del hotel y que han pasado tres horas y que no aparece y nos piden que empecemos a buscarla. Tú sabes que, normalmente, si la persona es mayor de edad, hacen falta razones de mucho peso* para iniciar su búsqueda.

—Sí, pero ese almacén equivocado, las posibles huellas de Clara... Por favor, Pedro, compréndeme.

—Vale, somos amigos, y te voy a dar un consejo: coge unos días libres y ve a investigar personalmente.

—Creo que lo haré. Es la única opción posible y razonable, pero, por favor, no le digas nada a mi mujer, le he contado que me voy unos días en misión especial. Todavía no sabe nada. No quiero que se preocupe de momento.

Sergei, un hombre que nunca perdía los nervios, empezaba a inquietarse. «No sé si el novio de la chica habrá conseguido entrar en contacto con alguien. Habrá que deshacerse de ella, ¡maldita sea!».

* * * * * * * * *

Sonó el teléfono. El inspector Hermoso preguntó por Oliver Kutz.

—Señor Kutz, es para usted —dijo la recepcionista del hotel.

—¿Quién es? —preguntaron todos a coro* y con los nervios de punta* a la telefonista.

—El señor Hermoso.

Oliver cogió el teléfono:

—Dígame.

—Oliver, he decidido ir a Casablanca. Dentro de tres o cuatro horas estaré allí. Quédate en el hotel y estáte atento por si ves algo extraño.

—Me alegro de que venga, porque mis amigos y yo no sabemos qué hacer. Hemos mirado dentro del hotel por todos los lugares a los que tenemos acceso y también por el jardín. Aquí estaré esperándolo. Hasta pronto.

—Chicos, lo estáis haciendo muy bien. Nos vemos dentro de unas horas.

—Va a venir el padre de Clara —dijo Oliver a los demás.

Estaban todos juntos pensando, no hablaban, pero cada uno intentaba encontrar una pista*.

👓 —Voy a pedir una linterna* a la recepcionista y voy a volver a mirar al jardín para ver si encuentro algo —dijo Patrik.

—¿Quieres que te acompañe? —le propuso María.

—Sí, que ven más cuatro ojos que dos.

La noche seguía muy oscura y hacía bastante frío. Iban andando muy despacio y alumbrando el suelo. Recorrieron la parte del jardín que correspondía a la puerta principal, luego la zona este, donde estaba la piscina. Ahí tampoco había nada. Siguieron hacia la parte trasera, donde estaba el aparcamiento subterráneo. Estaban desanimados. De pronto dijo María:

—¡Ahí, Patrik!, creo que he visto algo.

Patrik enfocó donde decía María:

—¡Es la pulsera de Clara, la que le regaló ayer Oliver!

Oliver habló con el padre y después María buscó la pulsera.

La recogieron del suelo y echaron a correr para contárselo a los demás. Oliver se puso muy nervioso, casi no conseguía articular las palabras. Tras un titubeo logró preguntar:

—¿Dónde la habéis encontrado?

—Muy cerca de la salida del aparcamiento.

—Voy a llamar al padre de Clara para contárselo.

Como el teléfono en ese momento no estaba disponible, dejó un mensaje en el buzón de voz*.

—El inspector Hermoso debe de estar ya en el avión porque no puedo hablar con él y le he dejado un mensaje.

Les parecía que el tiempo no avanzaba. Se fueron a comer algo por turnos, excepto Oliver que se sentía incapaz de abandonar el hotel por si recibía alguna noticia. Al cabo de un tiempo, para él interminable, vio entrar a Juan, el padre de Clara.

—Por fin ha llegado. ¿Ha oído mi mensaje?

—Sí. Ahora ya tenemos evidencias. Vamos a empezar la búsqueda. Lo primero es denunciar la desaparición de mi hija en la comisaría más cercana.

Oliver le presentó a sus amigos y se fueron todos en dos taxis.

El inspector denunció la desaparición de su hija. El policía le comentó lo que él ya sabía: que era mayor de edad y todo eso.

—Pero si recibimos alguna información, le llamaremos inmediatamente a su teléfono.

El padre de Clara, por su parte, le dijo que haría lo mismo.

—Vamos otra vez al hotel. Tenemos que hablar con el guarda del aparcamiento.

Se dirigieron rápidamente hacia allí.

—Buenos días —saludó el señor Hermoso en francés. Mi hija ha desaparecido del hotel hace varias horas, y tras mucho buscar, hemos encontrado su pulsera en el jardín, muy cerca de esta entrada. Me gustaría que me informara sobre los coches que han salido hacia medianoche.

—Lo siento señor, pero yo no estaba aquí a esa hora, otro compañero hace el turno de noche, y, de todas formas, no hubiera podido darle esa información, es confidencial.

—Gracias —respondió Hermoso.

—Rápido, vamos a subir a hablar con el director del hotel.

Llegaron al vestíbulo. El inspector Hermoso se identificó y pidió a la recepcionista que llamara al director porque necesitaba hablar con él urgentemente. Pasaron unos minutos y un hombre fuerte y alto llegó al mostrador de recepción. El padre de Clara se presentó y le contó toda la extraña historia, incluida la visita a comisaría a presentar la denuncia de la desaparición de su hija. Le enseñó la pulsera y le pidió que hablara con el guarda nocturno del aparcamiento para que le diera la información que necesitaba. El director del hotel, convencido por el relato del inspector de policía español, llamó a casa del guarda del aparcamiento.

—¿Sí?, buenos días, ¿quién es?

—Soy el director del Hotel Internacional, ¿podría hablar con Rachid?

—Está durmiendo, pero ahora mismo le despierto.

—Buenos días, ¿qué desea, señor director?

—Aunque no sea lo habitual, voy a pedirle que me diga si ha salido algún coche alrededor de la medianoche.

—Espere un momento... Sí, ha salido uno. Lo recuerdo porque estaba oyendo un programa en la radio que me entretiene mucho y lo he interrumpido para despedir y hablar un poquito con el cliente, el señor Benayar, pero cuando yo me he marchado del trabajo, aún no había vuelto.

—¿Qué coche tiene?

—Un Mercedes negro bastante nuevo, pero me he fijado que tenía una abolladura en la puerta del conductor.

—Deme la matrícula, por favor.

—No la recuerdo en este momento, pero en recepción seguro que la tienen.

—Muchas gracias por la información. Lamento haberle despertado.

—A su servicio, señor.

Subieron al vestíbulo, el director pidió a la recepcionista el número de la matrícula y ella se lo apuntó. Acto seguido*, le preguntó por el huésped.

—El señor Benayar ha abandonado el hotel antes de que mi turno empezara. Está anotado por mi compañera.

—Gracias por todo, señor director —dijo el inspector Hermoso.

—Chicos, no hay tiempo que perder. Tomad dinero, vamos a ir de dos en dos en taxis a buscar por toda la ciudad el Mercedes negro con una abolladura en la puerta delantera.

—Por favor, señora —le dijo a la recepcionista—, ¿tiene un plano completo de la ciudad?

—Sí, claro. Aquí tengo muchos, tome.

—A ver, vosotros dos, vais a recorrer todas, absolutamente todas las calles de esta zona, y rodeó con un gran círculo un tercio* de la ciudad, vosotros dos, esta otra, y nosotros dos, esta última zona.

Sacó de su bolsa de viaje dos teléfonos móviles, se los dio, apuntó en el plano el número del suyo, y dejó en recepción su ligero* equipaje.

El inspector Hermoso se dirigió a la cabina telefónica y llamó a Mohamed Benaomar, un marroquí de Casablanca, al que años atrás había salvado de una situación comprometida relacionada con la legalidad de su presencia en Málaga.

—¿Sí? —respondió una voz masculina en árabe.

—¿Eres Mohamed? —preguntó el inspector Hermoso en francés.

—Sí, soy yo. ¿Quién es?

—Soy Juan Hermoso, el inspector de policía de Málaga. ¿Te acuerdas de mí?

—Inspector Hermoso, ¡cómo no me voy a acordar de usted!, ¿qué desea?

—Mira, mi hija ha desaparecido a eso de la medianoche del Hotel Internacional. La única pista que tenemos es que se la llevaron en un Mercedes negro. Imagino que ya habrán cambiado la matrícula, pero el coche tenía una abolladura en la puerta delantera del conductor y no sé si habrán tenido tiempo de arreglarla. Por favor, ayúdame a encontrarlo. Estoy seguro de que mi hija está en peligro. Anota el número de mi teléfono móvil y si descubres algo, llámame.

—No se preocupe, ahora mismo me pongo en marcha.

* * * * * * * * * *

Juan dijo a los chicos:

—Ya lo tenéis todo; plano, teléfono y dinero, ¡a los taxis! Oliver y yo vamos a ir primero al aeropuerto a comprobar cada uno de los coches del aparcamiento, pero algo me dice que ahí no lo vamos a encontrar. Por favor, llamadme al más mínimo problema.

* * * * * * * * * *

Mohamed se echó a la calle. Conocía bien su ciudad y sus entresijos*, iba a hablar con unas cuantas personas que tal vez le dieran la información deseada.

trata buscar Clara por preguntau ó la recepcionista preguntas sobre un coche y el director del hotel

Inspector Hermoso

X

Clara ya no podía más; al límite de sus fuerzas, un extraño sopor*, a pesar del frío y de la humedad, se adueñó de ella, que seguía tumbada en el suelo del sótano de la discoteca.

* * * * * * * * * *

Juan y Oliver llegaron al aeropuerto y pidieron al taxista que los esperara a la salida del aparcamiento. Le dijeron que tardarían un buen rato. Había una gran cantidad de coches, no demasiados Mercedes negros, pero de los pocos que había, ninguno era el que buscaban.

—Esto va a ser muy difícil —dijo Oliver, totalmente desesperado.

—¡Dios mío! ¡Qué ganas tengo de ver a mi hija!

* * * * * * * * * *

Ya habían recorrido muchísimas calles, y María, muy nerviosa, comentó a Patrik:

—¡Pobre Clara!, no vamos a poder encontrarla.

Él no sabía qué contestar, sólo miraba atentamente a ambos lados de la calle a la espera de ver el coche.

En el otro taxi iban, igual de desesperanzados, Fede y Antonio.

* * * * * * * * * *

Entre las personas con las que habló Mohamed había varios taxistas y uno de ellos le dijo que hacia la una de la madrugada, cuando él había ido a recoger a unos clientes a la discoteca *"La lune"*, había visto un Mercedes negro aparcado muy cerca de allí, sobre la acera, pero no podía decir si tenía una abolladura. Mohamed decidió comprobarlo por si acaso. Cogió su coche y se dirigió rápidamente hacia la sala de fiestas. Buscó por las calles cercanas y no vio nada. Se bajó y bordeó la discoteca andando. Al llegar al patio trasero, entre torres de cajas de botellas vio algo que le pareció que podía ser un coche negro. Sí, era un Mercedes. Habían cambiado la matrícula, pero ahí estaba el desperfecto. Llamó inmediatamente a Juan Hermoso:

—Inspector, soy Mohamed. He localizado el coche en el patio trasero de la discoteca *"La lune"*. Por favor, ¡venga rápido!

El inspector Hermoso dio órdenes al taxista, que encaminó su vehículo velozmente en aquella dirección.

* * * * * * * * * *

Tras un breve periodo de descanso, debido al agotamiento, Clara estaba pasando por uno de los momentos más angustiosos. «¿Piensan dejar que me muera aquí?» «No ha venido nadie, me siento sin fuerzas, y ni siquiera he podido ir al cuarto de baño.» Quería mantener el poco ánimo que le quedaba, pero le resultaba casi imposible. Hacía un rato que oía un sonido en la planta de arriba, le parecía que era el de un aspirador, incluso en algunos instantes creía oír la voz de una mujer cantando. «Tal vez estén limpiando.»

* * * * * * * * * *

Llegó primero el taxi en el que iban María y Patrik, el inspector Hermoso les había avisado, estaban muy nerviosos. Minutos más tarde aparecieron Oliver y Juan y, al cabo de un rato, lo hicieron Fede y Antonio.

—Silencio total, por favor. Voy a acercarme a la puerta principal a ver si consigo oír algo. ~Hermoso~

Nada, no se oía nada. Se acercó a una especie de ventanuco* y desde ahí sí que pudo percibir el sonido de un aspirador y una voz femenina que cantaba.

—Mohamed, chicos, hay una mujer limpiando, tenemos que idear algo para que nos abra y nos deje entrar.

—¡Ya lo tengo! —dijo Mohamed. Conozco perfectamente a El Tuerto y puedo imitar su voz. Voy a llamar por teléfono a la discoteca y voy a decirle a la señora de la limpieza que, de un momento a otro, van a llegar unos músicos que van a actuar por la noche y que les abra.

—¡Buena idea!

La limpiadora no dudó ni un instante de que la voz que acababa de escuchar era la de su jefe.

Esperaron unos minutos que les resultaron eternos y llamaron a la puerta. Abrió la mujer.

—Mohamed, chicos, buscad por todas partes.

Clara no estaba ni en el coche, ni en la sala, ni en los servicios.

Sin darse por vencido*, Juan les dijo:

—Tenemos que buscar una trampilla* o algo parecido, seguro que esta discoteca tiene un sótano.

El inspector pensó que lo lógico sería que la trampilla estuviera detrás de la barra. Fue palpando todo el suelo con la palma de la mano y notó unas tablas un poco más elevadas que las restantes. Las bordeó, encontró la trampilla y la levantó. Había unas escaleras muy estrechas que conducían al piso inferior. Bajaron, encontraron una habitación cerrada con llave.

—¡Clara! —gritó el inspector—, si estás dentro, da un golpe, por favor.

Clara creía que estaba soñando, era la voz de su padre. Levantó un poco sus pies atados y los dejó caer:

—"Pum", —sonó un golpe seco en el interior de la habitación.

—¡Clara! —llamó Oliver.

"Increíble, también está Oliver" —pensó.

Quedaos callados que voy a llamar a la policía —dijo Juan.

—Bueno Inspector, si va a llegar la policía, mejor me marcho —dijo Mohamed. Me alegro mucho de haber podido devolverle el favor. Abrió un poquito la puerta y desapareció. Juan Hermoso no tuvo tiempo ni siquiera de darle las gracias.

—Clara, estamos todos aquí esperando a que lleguen agentes de policía y te saquen.

Hablaban con ella a través de la puerta cerrada y le daban ánimos. Clara lloraba a mares*, pero esta vez de alegría. Unos pocos minutos más y estarían todos juntos.

El Inspector abrió a los policías. Bajaron y descerrajaron* la puerta del sótano y encontraron a Clara, atada, sucia, y pálida. Le quitaron las cuerdas y el esparadrapo. ¡Qué marcas le habían dejado! Tardó un poco en poder moverse, pero en cuanto pudo, se abrazó a su padre, a Oliver, y a todos los demás. A Juan Hermoso le resbalaban lágrimas por la cara que no se molestó en controlar.

Los agentes preguntaron a la limpiadora si ella sabía algo de todo eso, y les juró que no tenía ni idea, no obstante tendría que ir a declarar a comisaría. También le preguntaron al inspector cómo había conseguido encontrar a su hija, y él les contestó que utilizando todas las técnicas policiales y su intuición. Les resultó difícil de creer, pero no querían complicarle la vida a un colega.

—Por favor, acompáñennos a comisaría a prestar declaración. Clara contó todo lo que le había ocurrido. Firmó y se marcharon.

—Inspector Hermoso, si conseguimos detenerlos, le avisaremos.

* * * * * * * * *

Juan llamó a la comisaría a su amigo Pedro y le puso al corriente de todo. Le dijo que llegarían hacia las diez de la noche a Málaga, pero que no le dijera nada a su mujer. Después llamó a Carmen y le contó que la misión iba muy bien y que al día siguiente estaría en casa.

Tras las declaraciones de Clara en la comisaría de Casablanca, varios policías fueron a buscar a Jimmy al Club Náutico. Preguntaron al guarda por él, y éste les señaló el velero de su propiedad. El 'Deep blue' no había podido zarpar, pero él no estaba allí. Registraron a fondo el barco.

En el despacho del Comisario Jefe recibieron una llamada.

—Hemos encontrado la maleta gris con dieciocho armas y ocho pasaportes en un fondo secreto del velero del tal Jimmy.

* * * * * * * * *

azafata

«Señores pasajeros, dentro de cinco minutos aterrizaremos en el aeropuerto Orly de París. La temperatura es de dos grados. No llueve. El comandante y toda la tripulación esperamos que hayan tenido un vuelo agradable. Por favor, abróchense los cinturones y pongan sus asientos en posición vertical. No olviden su equipaje de mano, ni ningún objeto personal dentro del avión. Muchas gracias.»

Salim dobló el periódico que estaba leyendo y pensó: «Lo he conseguido. En cuanto llegue al aeropuerto, voy a coger un taxi y a mi apartamento a esperar noticias.»

* * * * * * * * *

Estaban en un restaurante, Clara iba contando a sus amigos lo ocurrido, pero ella también quería saber cómo la habían localizado. A pesar de no haber probado bocado* en tantas horas, apenas podía comer.

—Papá, cuando volvamos a casa, mamá se va enfadar muchísimo contigo por no habérselo contado.

—Hija, creo que he hecho lo que tenía que hacer, aunque a lo mejor debía habérselo contado todo. No lo sé... Bueno, vamos a vuestro hotel a recoger el equipaje y después al mío, al aeropuerto y ¡a casa!

«¡Qué mal lo ha pasado!» —pensó Oliver, «y todo por unas estúpidas cuerdas de guitarra.»

Patrik, María, Fede y Antonio se estaban despidiendo. Iban al hotel a dormir, para, una vez descansados, empezar el viaje de vuelta en la furgoneta. Clara quería ver pronto a su madre y a sus hermanos. Estaban esperando ya el avión que los iba a llevar a casa, apretaba fuertemente a su padre y a Oliver y se sentía reconfortada*.

Pedro, el Inspector Jefe, estaba esperándolos en el aeropuerto. Le presentaron a Oliver y subieron al coche. Durante el trayecto le contaron todo lo que había ocurrido. Primero dejaron a Oliver en su casa.

—Que duermas bien. Te quiero. Mañana iré a verte a tu casa —se despidió Oliver.

—Adiós a todos.

—Hasta mañana Oliver, yo también te quiero. Se besaron.

El padre de Clara pensó: «Me gusta Oliver. Parece un gran muchacho.» A las diez y media de la noche Oliver entró en su casa.

—¡Hombre, Oliver!, ¿qué tal todo?, ¡qué pronto has vuelto!, ¿y Patrik?

—Vuelve mañana en la furgoneta. Te voy a contar una historia increíble.

Nada más acabar el relato, se quedó dormido en el sofá. David le bajó la cabeza, le estiró las piernas y le echó una manta por encima. —«Mañana sin falta* iré a visitar a Clara» —pensó.

* * * * * * * * * *

—Hola a todos —saludaron Clara y su padre, al entrar en su casa.

—Pero, ¿qué hacéis los dos aquí, y juntos?

—Mamá, ponte cómoda porque te vamos a contar lo que nos ha ocurrido.

La madre de Clara y sus hermanos, que acababan de llegar, no podían dar crédito a lo que estaban oyendo; siempre habían pensado que esas cosas sólo ocurrían en el cine. Interrumpían porque querían conocer hasta el más mínimo detalle.

—¡Clara, hija mía!

Las dos se abrazaron y sus hermanos también querían abrazarla.

—Juan, tú y yo tenemos que hablar seriamente esta noche. ¡Mira que haberme mentido...!

—Mamá, no te enfades con él, yo creo que ha hecho lo correcto. Su madre le preparó una taza de chocolate caliente, ella se la tomó y se fue a darse un buen baño. Al salir, sus padres la acompañaron a su cuarto. Se metió en la cama, y minutos más tarde, se durmió.

Dos policías se habían quedado de guardia dentro del 'Deep blue', mientras otros compañeros buscaban a Jimmy por Casablanca. Horas después, lo encontraron en un pequeño café, en el barrio antiguo de la ciudad, solo y bastante borracho.

—Policía. Queda usted detenido.

—¿Por qué? —preguntó Jimmy en un tono desafiante.

—Por posesión ilegal de armas y de pasaportes falsos.

—¡Maldita sea! —exclamó.

—Acompáñenos a comisaria.

* * * * * * * * *

Al día siguiente Oliver, en cuanto se levantó, llamó a Clara. Su padre le dijo que todavía estaba durmiendo, que se había despertado varias veces por la noche, y le invitó a que fuera a comer con ellos. Carmen había preparado un menú especial: un aperitivo a base de jamón serrano, chorizo, morcón[8] y queso, acompañados de un delicioso vino de Rioja. Cuando lo terminaron todo, trajo una fuente enorme de rape* a la marinera, el plato favorito de Clara, esta vez acompañado de un vino de Montilla[9] exquisito. De postre, había tarta de almendras con vino dulce de Málaga. Tomaron café y prolongaron muchísimo la sobremesa*.

Había pasado una semana, que parecía un siglo, ya se acercaban las vacaciones. Todas las calles del centro estaban adornadas con guirnaldas de luces, en las plazas principales había grandes árboles de Navidad, las tiendas estaban también decoradas, y en la Plaza de la Marina el jefe de los jardineros de Málaga había hecho un Belén con arcilla, hierba y flores naturales[10]. Además, se podían visitar muchos otros belenes en diferentes edificios públicos de la ciudad. Los villancicos[11] sonaban por todas partes y muchos vendedores callejeros, venidos de África, Hispanoamérica y China, ofrecían su artesanía. Había puestos de gente española en los que se podían comprar

---

[8] Jamón, morcón y chorizo: productos del cerdo, obtenidos tras un proceso natural de curación. Se comen crudos.

[9] Vino de Montilla: vino blanco seco de una región de Córdoba.

[10] El Belén se compone de las figuras de la Virgen María, San José, el Niño Jesús, la mula y el buey. La Plaza de la Marina está al lado del puerto de Málaga y el Belén que colocan ahí es muy original.

[11] Canciones populares típicas de Navidad.

desde trajes de pastor, zambombas, panderetas[12], figuras para los belenes y adornos para el árbol hasta juguetes para el día de los Reyes Magos[13] y serpentinas y confetis para la Nochevieja[14]. Clara y Oliver paseaban despacio mirándolo todo. Iban abrazados y comentando que, a pesar de los pocos días en que iban a estar separados, les iba a resultar muy difícil. Oliver se iba a pasar la Nochebuena[15] con su familia a Colonia, pero volvería una semana más tarde, ya que los padres de Clara le habían invitado a pasar la Nochevieja con ellos.

—Quiero comprar regalos para toda tu familia, ¿me ayudas a elegirlos?

—Yo creo que les haría más ilusión que les trajeras algo de Alemania.

—De acuerdo. Se los daré cuando venga en Nochevieja.

—¿Vamos a comprar unos turrones[16] para que se los lleves a tu familia?

---

[12] Muchos niños españoles se visten de pastores para cantar villancicos ante los belenes. Zambombas y panderetas son dos instrumentos musicales muy simples que se tocan como acompañamiento de los villancicos.

[13] La noche anterior al 6 de diciembre, día de los Reyes Magos, los padres españoles ponen, junto a los zapatos, los regalos para sus hijos.

[14] La última noche del año. Los españoles toman doce uvas mientras suenan las doce campanadas que marcan el final de un año. Se dice que si consigues tomarlas en el tiempo exacto, traen buena suerte para el año que empieza.

[15] La noche del 24 de diciembre. La mayoría de las familias españolas se reúnen y toman una cena especial. Algunas personas después van a la iglesia a oír la Misa de Gallo.

[16] Dulces navideños hechos con almendras, piñones, avellanas, nueces, mezclados con miel y azúcar.

Epílogo

Salim, que estaba bastante extrañado de no haber recibido ninguna llamada, se puso la barba y el bigote y bajó a la calle a desayunar. En cuanto terminó, se dirigió al quiosco a comprar el periódico y al hojearlo*, posó la vista sobre un titular: "Detenida la banda de París". ¡Por eso no había recibido noticias! Más adelante leyó que lo estaban buscando, pero esta vez aparecía su verdadero nombre. Estaba tranquilo, todavía tenía dinero, y una nueva identidad. Seguramente iría una temporada a alguna isla griega.

Por la noche, cuando llegó Clara a casa, su padre le enseñó la fotocopia de una hoja de un periódico francés, enviada por fax desde Marruecos. Leyó: "Detenida la banda de París". Miró las fotos y los reconoció a todos, pero faltaba Salim. Así es que no se apellidaba Benayar ni era marroquí. Era tunecino*. Dylan se llamaba Jesús Hidalgo Fernández, era natural de Murcia y tenía cuarenta y nueve años. El oriental, Míster N., era coreano y llevaba muchos años buscado por la policía. Jimmy no se llamaba James sino Peter Jones, era australiano, de Canberra. Sergei, el cerebro del grupo, era armenio, pero Sergei no era su verdadero nombre; en realidad se llamba Vladimir. Todos tenían una gran carrera delictiva* a sus espaldas; tráfico, falsificaciones... Más abajo explicaban cómo, dónde y cuándo los habían detenido.

«Ya encontrarán a Salim o como quiera que se llame» «¡De buena me he librado*!» pensó Clara. Guardó la hoja del periódico dentro de su bolso, cenó, recogió la mesa, se arregló, se despidió de sus padres, y, feliz, bajó las escaleras de dos en dos, Oliver la estaba esperando en el portal.

Explotación

Comprensión lectora

1 Di si son verdaderas (V) o falsas (F) estas afirmaciones y justifica tus respuestas.

Ejemplo: *Clara es estudiante universitaria. Verdadero porque ha estudiado con el Proyecto Erasmus.*

- David enseña español en un instituto de Málaga. ~~Verdadero porque~~ ~~no le gusta~~ (~~Verdadero~~) falsa - enseña ingles

- Oliver tuvo muchos problemas para amoldarse a la vida malagueña. (falsa) Olivier apareció amoldarse a la vida malagueña.

- Los malagueños salen poco por la noche. (falsa) Los malagueños salen por la noche y pasan mucho tiempo en los bares y calles

- Oliver vio el anuncio en el que se solicitaba un guitarrista en el bar de la facultad. (~~verdad~~) falsa bar grande de desayunar

Contesta a estas preguntas.

2
- ¿Quién le buscó el piso a Oliver? Clara
- ¿Cómo se llama el cantante del grupo? Fede
- ¿Qué es un agente de espectáculos? Richard Heywood
- ¿Qué relación tiene la canción *"As time goes by"* con Casablanca? Es en la película "Casablanca"
- ¿Qué significa *¡Tampoco vamos a ir ahora de puristas!?* Elles se cas ~~esbibir micespo sieimpen simpáticos~~.
- ¿Se ponen de acuerdo en Marbella con el asunto del dinero? Fede

(topic)

tocan música no está comercial

1 Cambia ... **al cabo de un rato** *apareció Oliver* (capítulo I) por otras tres expresiones de tiempo que signifiquen lo mismo.

1. Un rato _____ apareció Oliver.
2. Un rato _____ apareció Oliver.
3. _____ un rato apareció Oliver.

2 *El piso le pareció cómodo y agradable* (capítulo I) ¿Cuáles de estos adjetivos sirven para describir una habitación o una casa? Haz un círculo alrededor de ellos.

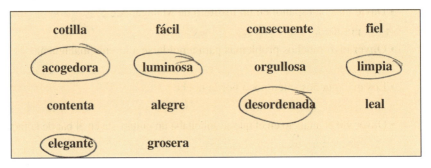

cotilla	fácil	consecuente	fiel
acogedora	luminosa	orgullosa	limpia
contenta	alegre	desordenada	leal
elegante	grosera		

• Ahora describe brevemente tu habitación.

Mi habitación en españa ~~es~~ están perfecto
para mi. Hay una cama, un escritoria,
dos lamparas, una silla, y un armario.
No está desordenada pero muy limpia.
No hay muchas cosas porque es mi
habitación temporano. pero me gusta mucho.
Hay una ventana que mire en el patio
también. Mi escritoria está cerca de la ventana
y es una vista del sol bonita.

3 *¿Sabes dónde está la calle Agua?* (capítulo I). Rellena los huecos con *saber* o *conocer.*

> Yo **Sé** quién ha roto el jarrón, pero no quiero decirlo.
< Pues te quedarás tú sin salir.

> No **conozco** Argentina, pero tengo muchas ganas de ir allí.
< Es un país maravilloso. Yo estuve allí el año pasado.

> ¿ **Sabes** si Juan ha llegado ya?
< Creo que sí.

> ¿ **Sabes** por qué hay días y noches?
< Sí, porque la Tierra gira alrededor del Sol.

> ¿No **conoces** a nadie que quiera compartir piso conmigo?
< Pues, no. Lo siento.

> ¿ **Sabes** tocar la guitarra?
< Un poco, pero hace mucho tiempo que no practico.

4 Los instrumentos musicales se dividen en: instrumentos de viento (saxofón), de cuerda (violín), de percusión (tambor). Haz una lista bien clasificada con todos los instrumentos musicales que conoces.

Instrumentos de viento	Instrumentos de cuerda	Instrumentos de percusión
saxofón	violín	tambor
fluta	guitara	pandereta
clarinete		símbolos

5 *¿No **solías** venir con Elena?* (capítulo II).
El verbo *soler* significa *tener la costumbre de.* En español sólo lo usamos en presente y en imperfecto. Rellena los huecos con la forma correcta de este verbo.

soler : to be in the habit of

1. > Los romanos _solían_ organizar carreras de cuádrigas.

   < Sí, ya lo sabía, lo vi en la película _Ben-Hur_.

2. > ¿Dónde _sole_ desayunar, en casa o en una cafetería?

   < Normalmente desayuno en el bar de la facultad.

3. > De niño, mis padres y yo _solíamos_ pasar las vacaciones en casa de mi abuela.

   < Pues yo nunca iba a casa de mi abuela, ella venía a la nuestra en verano.

4. > ¿ _sole_ estudiar en la biblioteca de la Universidad?

   < No, preferimos estudiar en nuestra casa.

6 *Me gustaría que me los presentaras* (capítulo II). El verbo *gustar* expresa sentimiento y va seguido de un verbo en subjuntivo cuando el sujeto es diferente. Termina estas frases, en las que hay otros verbos de sentimiento, con presente o imperfecto de subjuntivo.

1. Me da miedo que _me cayo en mis manos._
2. A Isidro le molesta que
3. Nos encantó que _te quedas una otra vez._
4. Al jefe le puso nervioso que
5. La secretaria odia que _los otros otros_

Ahora, elabora con tu compañero/a diálogos donde podáis incluir vuestras frases.

7 *El sábado próximo **quedamos en** algún bar de Málaga* (capítulo II). En esta frase el verbo *quedar* significa *concertar una cita*. Algunos españoles dicen: *El sábado próximo **nos vemos** en algún bar de Málaga,* porque ambos verbos significan lo mismo en este contexto. Vamos a ver otros significados del verbo *quedar*.

• ¿Cuántas cervezas *quedan* en el frigorífico? = ¿Cuántas cervezas *hay* en el frigorífico?

• *Quedan* dos semanas para las vacaciones = *Faltan* dos semanas para las vacaciones.

• Estos pantalones te *quedan* muy bien = Estos pantalones te *sientan* muy bien.

• Sustituye el verbo *quedar* por otro verbo que signifique lo mismo.

1. ¿Cuántos días *quedan* para la boda de tu hermana?

2. A Juan no le *queda* bien esa corbata.

3. ¿*Queda* alguna botella de vino blanco en la bodega?

4. ¿A qué hora *quedamos*?

5. Hay que comprar leche, ya no *queda.*

Debate

Clara y todos sus amigos han visto la película *Casablanca* y piensan que es muy buena. ¿Qué películas prefieres, las antiguas o las actuales? ¿Las películas en blanco y negro o en color? ¿Los actores antiguos o los actuales? Justifica tus elecciones y debátelas con tus compañeros.

Expresión escrita

Mira atentamente estos dos cuadros de Picasso. Elige uno, el que más te haya gustado.

• *Déscríbelo.*

• *Busca en una enciclopedia información sobre él.*

• *Da tu opinón y expresa tus sentimientos.*

Comprensión lectora

1 Di si son verdaderas o falsas las siguientes afirmaciones y justifica tus respuestas.

en Moroco, pero no en español

• Pararon varias veces durante el viaje.
(falsa) No pararon varias veces, decidieron ir sin parar.

◦Atravesaron dos provincias españolas antes de coger el barco.
(verdad) Cádiz y

• Lo que vieron de Marruecos hasta llegar a Casablanca les sorprendió.
~~Cuando llegaron a Marruecos hasta Casablanca.~~

• Los empleados del hotel trataron cordialmente al grupo de músicos.
(verdad)

• El público se animó en cuanto empezaron a tocar.
El público les pareció un poco frío pero ~~mire~~ miraron.

2 Contesta a estas preguntas.

Lexhes

• ¿Cómo fue la travesía del Estrecho? muy breve, duración corta
• ¿Qué lugares de Marruecos querían conocer? Tetuán, Tangier, Asilah, Larache, Ksar el Kebir, Rabat, Casablanca
• ¿Les resultó difícil encontrar un sitio donde aparcar?
• ¿Cómo era el Hotel Internacional? muy cómodo
• ¿Quién les va a pagar el dinero de las actuaciones? El-Saloud
• ¿Cómo se comportó el público? turistas

frío al principio
después entusiasmados

Gramática y Vocabulario

1 En el capítulo III aparecen varias palabras relacionadas con los barcos. Explica qué quieren decir:

1. embarcar:
2. zarpar:
3. cubierta:
4. travesía:
5. atracar:

2 Enumera y define los medios de transporte que conoces.

Coche,

3 Completa el texto con la preposición adecuada.

Minutos más tarde les avisaron   megafonía   que fueran   los coches porque el barco iba   atracar. Richard les había señalado   un mapa la ruta   Casablanca. Iban   pasar   ciudades cuyos nombres, especialmente   Oliver y Patrik, les resultaban muy exóticos; Tetuán, Tánger, Asilah, Larache, Ksar el Kebir, Rabat y, finalmente, Casablanca. El viernes muy temprano habían planeado ir   Meknés, y el sábado querían salir todos juntos,   el despuntar el día, hacia Marrakech y volver   Casablanca,   tiempo   sobra,   su actuación. (Capítulo III).

4 En los capítulos III y IV puedes encontrar diferentes nexos temporales. Siguiendo el ejemplo propuesto, realiza en las siguientes frases las transformaciones necesarias:

Ejemplo:

       – *Al llegar* a Casablanca, tenían que dirigirse al hotel.

       – *Cuando llegaran* a Casablanca, tenían que dirigirse al hotel.

1. Lograron llegar, *tras escapar* de un atasco.

2. *Nada más entrar,* los empleados los condujeron a un almacén.

5

En el capítulo III aparece la siguiente frase: ***Dejad de** quejaros, que no está tan mal.*

Completa las frases con uno de estos cinco verbos cuya característica común es la de ir seguidos de la preposición *de*.

avisar de	*cansarse de*	*acusar de*
reírse de	*arrepentirse de*	

1. > ¿Manolo ya no trabaja aquí?
    < Se   estar todo el día sentado delante del ordenador, y ahora trabaja como guía de turismo.

2. > Marta, si ves a Alfredo,   que tiene que estar a las 17h en el aeropuerto.
    < Vale, se lo diré en cuanto lo vea.

3. > No digas tantas tonterías, que todo el mundo   ti.
    < Me da igual lo que piensen de mí.

4. > El pobre Germán lo está pasando fatal; lo   haber robado un informe de la empresa.
    < ¡Pobrecillo! Me imagino cómo estará...

5. > ¡Cuántas veces me   haber dejado el ballet!
    < Pero has hecho otras cosas importantes.

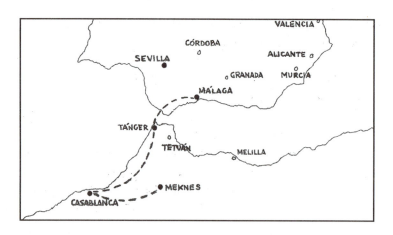

Debate

Oliver y sus amigos han decidido aprovechar al máximo su viaje a Marruecos para conocer varias ciudades.

• Cuando viajas, ¿te gusta hacerlo por libre o en un viaje organizado?

• ¿Prefieres quedarte en un único lugar o hacer muchos kilómetros y visitar diferentes sitios?

• ¿Te gusta viajar con un grupo grande de amigos o con uno o dos como máximo?

• ¿Hoteles lujosos, pensiones, albergues o tienda de campaña?

• ¿Qué países te atraen más y por qué?

Responde a estas preguntas y expresa tus opiniones sobre los viajes. Compáralas con las de tus compañeros.

Expresión escrita

Unos pocos kilómetros separan a España de Marruecos. Aunque sean dos países casi vecinos, sus culturas son muy diferentes. Busca información y redacta un texto poniendo de relieve estas diferencias.

Comprensión lectora

1 Di si son verdaderas o falsas estas afirmaciones y justifica tus respuestas.

- Visitaron Marraquech a su aire. *falso*
  ellos visitaron Meknés → Casablanca
- La relación entre ellos es muy cordial. *verdad*

- Los traficantes de armas entraron al almacén donde estaban las cuerdas de repuesto. *falso, Clara he visto*

- Los traficantes de armas del almacén son originarios de diversos continentes. *norteamericanos, asiático*
  verdad, ellos son de europa, británico,
- Oliver y sus amigos piensan mucho para intentar encontrar una pista.
  verdad   *¿una idea de ¿Donde está?*

2 Contesta a estas preguntas.

- ¿Cómo iba vestida y peinada Clara?   *moño → hair up in bun)* *guapísima, muy bonita,* *elegante*
- ¿Qué hicieron y de qué hablaron durante el viaje de regreso a Casablanca?
  hablaron legusta mucho casablanca, preparon por el
- ¿Por qué no fue R. Heywood a Casablanca? *no puede venir* *concierto*
- ¿Cuántos miembros de la banda tenían aspecto europeo? *3*
- ¿Por qué no se atrevía Clara a hablar? *porque ellas mataría a ella*
- ¿Quién es El Tuerto y por qué tiene ese apodo? *un griego de 50 años*
  es el propietario de la discoteca

(falta un ojo)
dueño del discoteca

Portero - bouncer

1 *En cuanto salga el sol, **pon** rumbo a Rabat* (capítulo V).

Las frases temporales con subjuntivo van seguidas de futuro o de imperativo. Acaba estas tres frases usando la forma correcta del imperativo.

1. > Tan pronto como llegues a Casablanca, (llamar, tú a nosotros) _____ por teléfono.

   < Sí, mamá, no te preocupes.

2. > No se ve nada desde aquí. ¿Por qué no vamos a cubierta?

   < Vale, en cuanto subamos allí, (dejar, tú a mí) _____ tus prismáticos, por favor.

3. > No bien lleguéis a Ceuta, (visitar, vosotros) _____ la ciudad, vale la pena.

   < Ya pensábamos hacerlo.

2 *Tal vez se ha ido a dar una vuelta* (capítulo V).

Esta frase expresa probabilidad. Completa estas frases que también la expresan.

1. A lo mejor (estar, ella) _____ en el cuarto de baño.
2. Quizá (irse, ella) _____ a su hotel a descansar.
3. Seguramente (estar, ella) _____ tomando el aire en la terraza.
4. Puede que (estar, ella) _____ en la cabina telefónica del vestíbulo, hablando con sus padres.
5. (Irse, ella) _____ , quizá, a dar una vuelta.

3 Cuando Sergei habla con Salim y con Dylan, lo hace usando el imperativo porque les está dando órdenes (capítulo V).

Completa estas frases usando el imperativo apropiado.

1. > Clara, (darse prisa)   que vamos a llegar tarde.

   > Tranquilo, que tenemos tiempo.

2. > Patrik, (parar)   en la primera gasolinera que veas.

   < Sí, ya he visto que queda poca gasolina.

3. > Por favor, (soltar, ustedes)   la cuerda, que me hace mucho daño en las muñecas.

   < Claro, claro, y ¿quieres también que te dejemos llamar a la policía?

4 Pon en pasado los verbos que están en infinitivo.

En cuanto Salim (arrancar)   *el coche, (dirigirse)*   *a la discoteca "La lune", y (preguntar)*   *por el dueño. Enseguida (aparecer)*   *El Tuerto, que (ser)*   *un griego de unos cincuenta años. Le (decir)*   *que ya (hablar)*   *con Sergei y que le acompañara al patio trasero de la discoteca a aparcar el coche. Allí, entre las torres de cajas de bebidas, apenas (verse)*   *. (Sacar, ellos)*   *a Clara maniatada, tapándole la boca, y la (bajar)*   *al almacén de la discoteca. Le (sellar)*   *los labios con esparadrapo y le (atar)*   *los pies. (Apagar)*   *la luz y la (dejar)*   *completamente sola y a oscuras. No (poder, ella)*   *gritar, no (poder)*   *moverse, no (poder)*   *ver. "Creo que voy a volverme loca" (pensar, ella)*   *, y (romper)*   *a llorar. (Capítulo V).*

5 En ese texto (capítulo V) aparecen las palabras *muñecas* y *tobillos*. Cuando estudiamos el cuerpo humano decimos que se compone de: *cabeza, tronco* y *extremidades*. Las *muñecas* son una parte de las extremidades superiores y los *tobillos* pertenecen a las extremidades inferiores. Haz una lista completa de:

• extremidades superiores:

muñecas,

• extremidades inferiores:

tobillos,

6 La preposición *a* + un sustantivo (= nombre), a menudo en plural, nos sirve para expresar el modo en que se hacen las cosas.

Ejemplo: *La chica se ha quedado **a oscuras** en el sótano* (capítulo V).

Ejemplo: >¿Cómo se ha quedado la chica?

      < *A oscuras.*

Explica qué significan las siguientes expresiones:

1. Me pone furioso que no piense antes de hablar. Siempre habla *a tontas y a locas:*

2. ¡Qué alegría! El enfermo mejora *a ojos vista:*

3. Se fue la luz y descolgó el teléfono *a tientas:*

4. Ha adelgazado mucho porque ha seguido el régimen *a rajatabla:*

5. Parece que él tampoco lo entendía bien porque ha conseguido explicármelo *a duras penas:*

7 *No había* **nadie** (capítulo V).

Recuerda que en español a menudo hay que poner doble negación. Completa estas frases con: *nadie, ningún, algo, alguien, alguna.*

1. > ¿Conoces a   que pueda ayudarme?

    < No, lo siento.

2. > ¿Conoces el grupo "Jarabe de Palo"?

    < Sí, pero no tengo   disco suyo.

3. > ¿Vamos a verlos?

    < Bueno, pero no creo que haya   en casa.

4. > ¿Quieres   de beber?

    < Sí, gracias, un agua con gas.

5. > ¿Sabes si hay   persona interesada en comprar mi coche?

    < Sí, ayer llamaron tres, pero lo encuentran muy caro.

Debate

Diariamente son apresadas 'pateras' (pequeñas embarcaciones) por la Guardia Civil española en las costas de Canarias y de Andalucía. En ellas viajan a veces hasta treinta africanos que intentan llegar a Europa en busca de trabajo. Estas personas reúnen con mucho esfuerzo la cantidad abusiva que les exige el intermediario que promete traerlas al Viejo Continente. Muchos no consiguen llegar a las costas españolas porque las pateras se hunden; otros son detenidos por la guardia costera al llegar a nuestras playas y son devueltos a sus países de origen; pero algunos consiguen salvar estos obstáculos y se encuentran en un país extraño y sin papeles. Son los emigrantes ilegales que tienen que buscarse la vida en condiciones adversas y, a veces, incluso infrahumanas.

• Habla de este tema con tus compañeros. Compartid vuestros puntos de vista y opiniones.

• Aquí tenéis una serie de ideas:

• ¿Deben los países desarrollados abrir sus fronteras a la inmigración?

• ¿En qué condiciones?

• ¿Modifican los inmigrantes la cultura del país que los recibe?

• Según tú, ¿cómo podría conseguirse la plena integración?

Expresión escrita

La enseñanza y el aprendizaje del español. Algunos de los protagonistas de esta historia son estudiantes de español como tú.

- Haz una redacción desarrollando los siguientes puntos:
    - ¿Cómo has aprendido español?
    - ¿En cuánto tiempo?
    - ¿Con qué metodología?
    - ¿Con qué profesores?
    - ¿Dónde?
    - ¿Por qué estudias español?

Y todo lo que tú quieras añadir.

Comprensión lectora

1 Di si son verdaderas o falsas las siguientes afirmaciones y justifica tus respuestas.

• Clara se equivocó de puerta. *verdad*

• Clara llevaba unos zapatos de tacón de aguja. ~~verdad~~ *falso*
apatos de tacón muy alta.

• Esa noche el mar estaba muy tranquilo y no había viento. *falso*

• Salim ha aparcado su coche muy cerca del hotel. *falso está en la discoteca*

• Cuando recibió la llamada de Oliver, Juan Hermoso mantuvo la calma.
Verdad, él conoce que hacer

2 Contesta a estas preguntas.

• ¿Qué le dijo el inspector Hermoso a su mujer?
él explican que él ha llamado su amigo Pedro ir a un misión especial por dos otros días.

• ¿Qué hizo Juan Hermoso en cuanto bajó al portal de su casa?
llamó el Pedro, el jefe inspector

• ¿Qué consejo le dio Pedro, el Inspector Jefe, a Juan?
Pienso como su trabajo, no un padre preocupado

• ¿Cómo se caracterizó Salim?
bigote y barba, pelo natural, gafas gruesas

- ¿Fue Salim directamente a París?

no tiene una para en Pan's

- ¿Por qué le preocupa a Salim qué van a hacer con Clara?

parque clare fue muy guapísima.

Gramática y Vocabulario

1 *María, que no es fumadora, se da cuenta de que alguien ha fumado* (capítulo VII).

El olfato es uno de los cinco sentidos; con él olemos. Enumera los otros cuatro y la actividad que desarrollamos con cada uno de ellos.

Ejemplo: Con el olfato olemos.

1. Con
2. Con
3. Con
4. Con

¿Existe un sexto sentido? Si crees que existe, ¿cómo se llama y para qué sirve?

2 Todos estos adjetivos y participios aparecen en los capítulos VII y VIII.
Escribe sus contrarios.

atada		grave	
gruesas		impotentes	
inútil		exactos	
pesado		ancho	
ilegal		igual	
extraño		responsable	

3 Escribe ocho palabras (nombres y verbos) relacionadas con el teléfono.

El auricular, marcar,

4 Con la preposición *de* + un artículo indeterminado + un sustantivo se forman algunas expresiones que nos dan idea de que algo se realiza de forma rápida, casi sin interrupción.
Ejemplo: *Oliver se lo contó todo* **de un tirón** (capítulo VII).
Completa las frases siguientes con las siguientes expresiones.

De un salto, de un trago, de un tirón.

1. Tenía tanta sed que se bebió medio litro de agua
2. Hicieron el viaje de Casablanca a Marraquech
3. Vio una rata asquerosa en el parque y se subió a un banco
4. Como se sabía tan bien el poema lo recitó

5 Rellena los huecos con las palabras que faltan.

Clara ha encontrado la puerta   y la ha abierto
alguna horquilla como suele hacer y, por lo que me cuentas,
había alguien que   quería que ella estuviera allí y se   ha
llevado. No tenemos pruebas   evidencias, simplemente
conjeturas y la posibilidad de   , efectivamente, las huellas correspon-
dan a   hija. Algo extraño le ha ocurrido.   una chica formal y responsable; ella nunca se marcharía   avisar. No te muevas del
hotel, no   cuentes nada de esto a la recepcionista y yo iré llamando
        informarte. Te voy a dar el número de mi teléfono   , apun-
ta: 601564439, y por favor, dame   del Hotel Internacional. (Capítulo X).

Debate

¿El teléfono móvil es indispensable? ¿Crea adicción?

- Imagina la evolución que sufrirán las telecomunicaciones dentro de 50 años. ¿Cómo serán los televisores, los teléfonos móviles y los ordenadores? ¿Evolucionará Internet hasta extremos peligrosos?

- En la era de los medios de comunicación, ¿existirá una mayor incomunicación entre vecinos o amigos? Contrasta tus suposiciones con las de tus compañeros.

Expresión escrita

< Mire, perdone que le llame a estas horas, pero es que estoy muy nervioso y preocupado. Estábamos tocando, serían las doce de la noche, y se me rompió una cuerda de la guitarra. Clara bajó a buscar las de repuesto al almacén donde estaban nuestras cosas y no la he vuelto a ver.
Oliver le contó de un tirón todo lo que había ocurrido. (Capítulo VII.)

Escribe todo lo que le contó Oliver a Juan Hermoso a partir de este momento: La hemos buscado por todas partes

Comprensión lectora

1 Di si son verdaderas o falsas estas afirmaciones y justifica tus respuestas.

• Oliver pudo hablar con Juan Hermoso nada más encontrar la pulsera. *falso*

• La policía de Casablanca buscó a Clara. *falso*

• El guarda del aparcamiento le dio la información al padre de Clara. ~~verdadero falso~~
~~verdadero~~ *falso*

• El señor Benaomar consiguió encontrar a Clara. *falso*
~~Benaomar~~ *soló el coche*

• Clara tardó un poco en poder levantarse del suelo de la discoteca. ~~falso~~
verdadero

2 Contesta a las siguientes preguntas.

nervioso

• ¿Por qué estaba inquieto Sergei?
el sabía que la desaparacion fue malo.

• ¿Qué hizo el Inspector Hermoso cuando llegó a Casablanca?
hablar con las personas en el hotel - recepcionista

• ¿Qué dijeron los policías cuando fueron a la comisaría a denunciar la desaparición de Clara?
informacion de las personas en el coche.
no nad - 24 - 48 horas despues.

• ¿Se portó bien el director del hotel?
si el ayuda.

• ¿Cómo consiguieron entrar a rescatar a Clara?
una limpiarada abrió la puerta

Benaomar llamó el discoeca

Gramática y Vocabulario

1 En español hay una serie de verbos que se conjugan igual que los verbos reflexivos, pero van seguidos de una preposición.

Oliver dice: **Me alegro de** *que venga* (capítulo IX). El verbo es *alegrarse de*.

Completa estas frases con:

> Acordarse de, defenderse de, ~~olvidarse de, acostumbrarse a, alegrarse de~~

1. Los traficantes de armas ~~se defienden~~ *se defiende* las acusaciones de los policías.
2. Oliver ~~se olvidó de~~ *habría olvidado* la caja con las cuerdas de repuesto en el sótano.
3. Clara no podía *acostumbrarse a* la oscuridad.
4. El padre de Clara, cuando *se acordaba de* de su hija, se sentía muy preocupado.
5. La madre de Clara *se alegró de* que su hija se encontrara sana y salva.

2 *Nosotros no sabemos* **qué hacer** (capítulo IX).

Esta frase es una interrogativa indirecta. Ya sabes que las interrogativas indirectas no suelen llevar subjuntivo. Completa estas frases con el pronombre interrogativo correcto.

> cuándo   quién   cómo   dónde   qué

1. Yo sé *quién* es Mister N., pero no quiero decirlo.
2. No tengo ni idea de *dónde* está Clara.
3. No quiero ni pensar ~~qué~~ *qué* le estarán haciendo a Clara.
4. Me imagino ~~qué~~ *cómo* ha conseguido abrir la puerta.
5. No sabemos *cuándo* llegará el padre de Clara.

3 Con ayuda del diccionario escribe el sustantivo y el infinitivo que corresponde a los adjetivos o participios que aparecen en estos dos capítulos.

Adjetivo o participio	Sustantivo	Infinitivo
satisfecho	la satisfacción	satisfacer
peligroso	el peligro	peligrar
extraño	la extrañeza	extrañarse
equivocado	la equivocación	equivocarse
maldita	la maldición	maldecir
excitados	la excitación	excitarse
atento	la atención	atender
oscura	la oscuridad	oscurecer
desaparecido	la desaparición	desaparecer

4 Ordena el diálogo entre el policía de la comisaría de Casablanca y el inspector Hermoso cuando éste va a denunciar la desaparición de su hija.

1 –*Sí, mi número es el 601564439.*

2 –*Bueno, pues yo haré lo mismo si tengo alguna noticia. Adiós, buenos días.*

3 –*Así es que usted es inspector de policía y me dice que su hija ha desaparecido.*

4 –*¿Qué edad tiene su hija?*

5 –*Como su hija es mayor de edad no podemos empezar a buscarla ahora mismo. ¿Tiene usted teléfono móvil?*

6 –*Si nos enteramos de algo, le avisaremos.*

7 –*Veintiún años.*

8 –*Sí, sí. A eso de la medianoche desapareció del Hotel Internacional y nadie la ha vuelto a ver. Mire, aquí tengo su pulsera. La llevaba puesta antes de su desaparición. La hemos encontrado junto al aparcamiento del hotel.*

9 –*Buenos días. Soy el inspector Hermoso de la Comisaría Central de Málaga y vengo a denunciar la desaparición de mi hija.*

Debate

En estos capítulos se ha hablado sobre la policía:
- ¿Crees que la policía de tu país es eficaz?
- ¿Crees que la Justicia funciona bien?
- Contrasta tus opiniones con las de tus compañeros.

Expresión escrita

> *Mira, mi hija ha desaparecido a eso de la medianoche del Hotel Internacional.*
La única pista que tenemos es que se la llevaron en un Mercedes negro. Imagino
que ya habrán cambiado la matrícula, pero el coche tenía una abolladura en la
puerta delantera del conductor y no sé si habrán tenido tiempo de arreglarla. Por
favor, ayúdame a encontrarlo. Estoy seguro de que mi hija está en peligro. Anota
el número de mi teléfono móvil y si descubres algo, llámame.
< *No se preocupe, ahora mismo me pongo en marcha.* (Capítulo XII).

Este texto está escrito en estilo directo. Cámbialo a discurso referido o estilo
indirecto.
Ejemplo:
El Inspector Hermoso le contó al señor Benaomar que su hija había desaparecido a eso de la medianoche del Hotel Internacional y que la única pista que

Capítulos XI y XII

Comprensión lectora

1 Di si son verdaderas o falsas las siguientes afirmaciones y justifica tus respuestas.

• Jimmy estaba escondido dentro del 'Deep blue'. *falso – café deracho*

• Clara comía en el restaurante con voracidad. *falso – no tenía hambre*

• Juan Hermoso está seguro de que lo mejor es no haber contado la verdad a su mujer. *verdad*

• María, Fede y Antonio se marchan directamente a Málaga sin pasar por su hotel. *falso*

• Cuando la policía encuentra a Jimmy, éste no sabe que han encontrado la maleta. *falso – en esta momento él todavía no sabe*

2 Contesta a estas preguntas.

• ¿Llegó cansado Oliver a su casa de Málaga? *Sí*

• ¿Por qué se sorprendió Carmen cuando llegaron Juan y Clara juntos? *No sabía todo que occurrió.*

• ¿Se enfadó la madre de Clara con su marido? *Sí todos embrazan*

• ¿Crees que los miembros de la familia Hermoso se llevan bien? *Sí*

• ¿Qué te parece el menú de la comida? *mucha comida*

• ¿Qué regalos compra Oliver para la familia de Clara? *todavía nada, Clara recomiende que él compra algo de Alemania*

63

Gramática y Vocabulario

1 Rellena los espacios en blanco con las palabras que faltan.

«Señores _____, dentro de quince _____ aterrizaremos en el aeropuerto de Orly en París. _____ es de dos grados. No llueve. El comandante y toda _____ esperamos que hayan tenido un _____ agradable. Por favor, abróchense _____, pongan sus _____ en posición vertical. No olviden su equipaje de _____ ni ningún objeto _____ dentro del avión. Muchas gracias.» (Capítulo XII).

2 La persona a la que le falta un ojo es un tuerto. Escribe el adjetivo que corresponde a:

1. La persona que no puede ver _____
2. La persona que no puede oír _____
3. La persona que no puede andar _____
4. La persona que no puede hablar _____
5. La persona que no tiene un brazo _____

3 En estos capítulos aparecen los padres y hermanos de Clara. Adivina quiénes son los miembros de la familia a partir de las siguientes definiciones.

1. El marido de mi hija es mi _____
2. La hermana de mi marido es mi _____
3. El marido de mi hermana es mi _____
4. La mujer de mi hijo es mi _____
5. Los padres de mi marido son mis _____
6. Mis hijos son los _____ de mis padres.
7. La hija de mi hermana es mi _____
8. Yo soy _____ de las hijas de mi hermano.

4 Haz una lista con verbos que expresen sentimientos y emociones:

Reír, llorar, _____

_____

_____

Debate

1 España (como muchos países del Mediterráneo) es un país productor de vino. Su proceso de producción está regulado por un Consejo Regulador de Denominación de Origen. El vino de Rioja, así como el vino de la Ribera del Duero, son los más famosos, pero también hay otras zonas productoras de estupendos caldos que todavía no son tan conocidas fuera de nuestro país. En España una buena comida debe ir siempre acompañada de un buen vino. Muchas veces regalamos vino a nuestros amigos. En pocas palabras: la cultura del vino forma parte de nuestra cultura.

Existe un viejo dicho: 'Beber con medida alarga la vida'.

En la actualidad, y según diversos informes médicos, beber dos copas de vino tinto al día produce efectos beneficiosos en nuestro organismo.

- ¿Cuántas denominaciones de vinos españoles conoces?
- ¿Es común encontrar vino español en tu país?
- ¿De qué zona/s proviene/n el/los vino/s español/es que se vende/n en tu país?
- ¿En qué ocasiones bebéis vino?
- ¿Qué opinas del viejo dicho español?
- ¿Y de los últimos informes médicos?

Comparte tu información con la de tus compañeros, expresa tus opiniones y contrástalas.

2 En este capítulo has leído la descripción del ambiente navideño de una ciudad española. Describe:

- Los adornos de las calles.
- Las comidas típicas.
- Las canciones de Navidad.
- Los regalos de los niños.
- Qué se cena la Nochebuena o qué se come el día de Navidad.

- Qué se hace la Nochevieja (último día del año) en tu país, y todo lo que tú quieras añadir.

Tras explicar todo esto, debate con tus compañeros:

• ¿Es la Navidad una fiesta puramente religiosa?

• ¿Es simplemente una tradición 'agradable'?

• ¿Es únicamente un negocio para los comerciantes y una ocasión magnífica para dar rienda suelta a nuestro consumismo?

3 En *La Banda de París* no se ha descrito físicamente en ningún momento a Oliver.

De Clara sólo se sabe que tiene veintiún años, que, según Salim, es guapísima y cómo va vestida y peinada la noche que pierde su libertad.

Descríbelos con todo detalle y comprueba si tus descripciones coinciden con la de alguno de tus compañeros.

Expresión escrita

Se dice que los españoles, y, en general, todos los latinos, tenemos un concepto de la familia diferente al de otros países europeos. Unos lo atribuyen a la influencia del cristianismo; otros, al carácter latino. Clara vive con sus padres. Esto es algo normal en España; los hijos dejan el hogar cuando terminan sus estudios y encuentran un trabajo.

• Explica la idea que tú tienes sobre qué es una familia y cómo son las familias de tu país.

• Realiza una lista con los pros y los contras de vivir en el hogar familiar.

Pros	Contras

• Ahora compara tus resultados con los de tus compañeros.

Epílogo

1. Redacta con los datos que tienes y tu imaginación la noticia completa que apareció días después en un periódico español.

El Universo, Madrid, 10 de marzo de ...

Detenida la banda de París

Solucionario

Comprensión lectora

1 a) F. David enseña inglés. / b) F. No tiene ninguno; se adapta perfectamente. / c) F. Los jóvenes malagueños salen todos los fines de semana hasta tardísimo. / d) F. Lo vio un domingo, en un bar normal.

2 a) Clara. / b) Se llama Fede. / c) Una persona que se dedica a la contratación de músicos y números de variedades. / d) Que es la canción favorita de los protagonistas de la película *Casablanca*. / e) Significa que ellos no quieren tocar música comercial de escasa calidad, pero finalmente aceptan tocar este tipo de música en el Hotel Internacional. / f) Sí porque quedan el sábado siguiente, y Richard les dice que les llevará el dinero acordado.

Gramática y Vocabulario

1 1. Un rato más tarde / 2. Un rato después / 3. Después de un rato.

2 Acogedora / luminosa / limpia / alegre / desordenada / elegante.

3 Sé / conozco / sabes / sabes / conoces / sabes.

4 (Viento) trompeta, corneta, flauta, flauta travesera, tuba, trombón, clarinete... (Cuerda) guitarra, laúd, mandolina, sitar, ukelele, banjo... (Percusión) bongos, batería, timbal, pandereta...

5 solían / sueles / solíamos / sueles o soléis.

6 Libre; 1. presente de subj. 2. pres. de subj. 3. imperfecto de subj. 4. imperfecto de subj. 5. pres. de subj.

7 1. faltan 2. sienta 3. hay 4. nos vemos 5. hay

Debate y Expresión escrita

De realización libre.

Comprensión lectora

1 a) V. Pararon para ver los lugares de Marruecos que les llamaron la atención. / b) V. Málaga y Cádiz. / c) V. El olor, el colorido, la gente; todo ello les sorprendió. / d) V. Fueron muy amables. / e) F. Al principio le costó bastante tiempo animarse. Después, pedían otras canciones.

2 a) Breve y agradable. b) Meknés, Casablanca y Rabat. c) Bastante difícil hasta que les abrieron la verja del hotel. d) Muy lujoso. e) El señor El-Saloud, relaciones públicas del Hotel Internacional. f) De una manera bastante fría.

Gramática y Vocabulario

1 1. Subir a bordo de un barco. / 2. Salir del puerto y navegar. / 3.Parte superior del barco, en contacto con el aire libre. / 4. Viaje en barco de un lugar concreto a otro. / 5. Amarrar el barco en un muelle.

2 Avión, tren, barco, tranvía, taxi, motocicleta, bicicleta, avioneta, helicóptero, camión, furgoneta, caravana, caballo, metro, taxi...

3 por / de / a / a / en / hasta / a / por / a / a / a / a / a / con / de / para.

4 1. Lograron llegar, después de escapar de un atasco. / 2. En cuanto entraron, los empleados los condujeron a un almacén.

5 1. se ha cansado de / 2. avísale de / 3. se reirá de / 4. han acusado de / 5. he arrepentido de.

Debate y Expresión escrita

De realización libre.

Comprensión lectora

1 a) F. Visitaron Meknés / b) V. Todos los del grupo, Clara y Patrik se llevaban bien / c) F. Clara fue la que se equivocó de almacén. / d) V. Sí: uno es asiático, otro es norteafricano y los otros parecen europeos o americanos / e) V. Están dándole vueltas en la cabeza para intentar encontrar una pista.

2 a) Muy elegante: con un vestido de seda, un abrigo, zapatos de tacón y se había recogido el pelo. b) fueron hablando muy animados de música y tarareando canciones. c) Sólo sabemos que había llamado al hotel para decir que no podía ir a Casablanca. d) Tres. e) Porque tenía pánico de que la golpearan o la mataran. f) El Tuerto es el propietario de la discoteca La lune y es griego. Su apodo se debe a que sólo tiene un ojo.

Gramática y Vocabulario

1 1. llámanos / 2. déjame / 3. visitad.

2 1. está / 2. se ha ido o se haya ido / 3. está o estará / 4. esté / 5. Se habrá ido.

3 1. date prisa / 2. para / 3. suelten.

4 arrancó / se dirigió / preguntó / apareció / era / dijo / había hablado / se veía / Sacaron / bajaron / sellaron / ataron / Apagaron / dejaron / podía / podía / podía / pensó / rompió.

5 Extremidades superiores: hombros, brazos, codos, muñecas, manos, dedos. // Extremidades inferiores: caderas, piernas, rodillas, pies, dedos.

6 1. sin reflexionar / 2. de forma evidente / 3. tocando con la mano porque no había luz / 4. tal y como me lo había mandado el médico / 5. con dificultad.

7 1. alguien / 2. ningún / 3. nadie / 4. algo / 5. alguna.

Debate y Expresión escrita

De realización libre.

Capítulos VII y VIII

Comprensión lectora

1 a) V. Se equivocó de puerta, pero no se dio cuenta porque ambos almacenes eran iguales. / b) F. Sus tacones eran altos, pero no sabemos si eran de aguja. / c) F. Había temporal y marejada. / d) F. El coche de Salim está en la discoteca "La lune". / e) V. Aparentemente para no inquietar a su mujer.

2 a) Que se iba dos o tres días a una misión especial. b) Llamó a su amigo Pedro, el Inspector Jefe. c) Que se cogiera unos días libres y fuera a investigar a Casablanca. d) Se puso barba y bigotes postizos y unas gafas gruesas sin graduar. e) Se fue primero a Zurich porque no había vuelo directo. f) Porque le ha parecido guapísima.

Gramática y vocabulario

1 1. Con la vista vemos / 2. Con el oído oímos / 3. Con el gusto saboreamos / 4. Con el tacto tocamos y sentimos.
El sentido común. Con él actuamos de forma juiciosa.

2 desatada / delgadas, finas / útil / ligero / legal / normal / leve / potentes / inexactos / estrecho / distinto, diferente / irresponsable.

3 colgar, comunicar, coger, descolgar, las teclas o los números, ponerse, dejar un recado (mensaje), contestador automático.

4 1. de un trago / 2. de un tirón / 3. de un salto / 4. de un tirón.

5 cerrada / con / dentro o allí / no / la / ni / que / las de mi / Es / sin / le / para / móvil / el.

Debate y Expresión escrita

De realización libre.

Comprensión lectora

1 a) F. Le tuvo que dejar un mensaje en el buzón de voz porque el teléfono no estaba disponible. / b) F. Como era mayor de edad no empezaron a actuar. / c) F. El director del hotel tuvo que llamar al guarda nocturno para que le diera la información. / d) F. Él encontró el coche, pero no a Clara. / e) V. Le dolían las manos y los pies por haber estado atada tanto tiempo.

2 a) Porque sabía que la desaparición de Clara traería malas consecuencias. b) Fue directamente al hotel y empezó la investigación por su cuenta. c) Que todavía no había ninguna razón para emprender su búsqueda. d) Sí, muy bien: ayudó todo lo que pudo. e) Benaomar llamó a la discoteca "La Lune", haciéndose pasar por El Tuerto. Le dijo a la limpiadora que abriera la puerta a unos músicos que iban a llegar.

Gramática y Vocabulario

1 1. se defendieron de / 2. se había olvidado de / 3. acostumbrarse a / 4. se acordaba de / 5. se alegró de.

2 1. quién / 2. dónde / 3. qué / 4. cómo / 5. cuándo.

3 el peligro, peligrar / la extrañeza, extrañarse / la equivocación, equivocar(se) / la maldi-ción, maldecir / la excitación, excitar(se) / la atención, atender / la oscuridad, oscurecer / la desaparición, desaparecer.

4 9 A / 3 B / 8 C / 4 D / 7 E / 5 F / 1 G / 6 H / 2 I

Debate y Expresión escrita

De realización libre.

Comprensión lectora

1 a) F. Jimmy estaba borracho en un bar del barrio antiguo de Casablanca. / b) F. No podía comer; le faltaba apetito. / c) F. No lo sabe a ciencia cierta. Tiene dudas al respecto. / d) F. Van a dormir a su hotel y a recoger el equipaje. / e) V. Él pregunta: ¿de qué me acusan?

2 a) Agotado, por eso se quedó dormido en el sofá, cuando terminó de contar la historia. b) Porque creía que ambos iban a llegar al día siguiente y por separado. c) Más o menos. Le reprocha que no le hubiera dicho la verdad. d) Ésa es la impresión que podemos sacar al observar sus reacciones. e) Opinión del estudiante. Para la mayoría de los españoles ésta sería una comida muy sabrosa. f) No lo sabemos porque los va a comprar en Alemania.

Gramática y Vocabulario

1 pasajeros / minutos / La temperatura / la tripulación / los cinturones / asientos / mano / personal.

2 1. ciega / 2. sorda / 3. paralítica / 4. muda / 5. manca.

3 1. yerno / 2. cuñada / 3. cuñado / 4. nuera / 5. suegros / 6. nietos / 7. sobrina / 8. la tía o el tío.

4 alegrarse de, deprimirse, extrañarse de, ponerse nervioso, tener miedo, asombrarse de, sonreír, abrazarse, consolarse, etcétera.

Debate y Expresión escrita

De realización libre.

Epílogo

Ejercicio de realización libre.

Vocabulario por capítulos
(español-inglés, francés y alemán)

Palabra o Expresión	Explicación o ejemplo	Inglés	Francés	Alemán
CAPÍTULO I				
el lector	Profesor que va a un país extranjero a enseñar su propia lengua.	foreign language assistant	lecteur	Lektor, Sprachassistent
el instituto	Lugar donde se estudia el bachillerato.	high school	lycée	Gymnasium
marchar todo sobre ruedas	Ir todo perfectamente; sin problemas.	to go well / run smoothly	aller comme sur des roulettes	funktionieren, klappen
el sótano	Planta de un edificio construida bajo tierra.	basement	sous-sol	Keller
la bocacalle	calle que sale a la derecha o a la izquierda de una calle principal	side street	rue	Seitenstraße
la batería, el bajo, los teclados	Instrumentos musicales	drums, bass, keyboards	batterie, basse, clavier	Schlagzeug, Baßgitarre, Keyboards
brindar	Juntar las copas con bebidas y decir: ¡salud!, ¡por nosotros!, ¡que todo salga bien!, etc.	to make a toast	trinquer (à)	anstoßen
faltar tiempo	Hacer algo rápidamente sin perder ni un segundo.	without wasting time	manquer de temps	keine Zeit haben
poner al corriente	Contar una noticia, informar.	to get somebody up to date with events or news	mettre au courant	ins Bild setzen, informieren
me suenas de algo	Creo que te conozco.	I have seen you before/ your face rings a bell	Ton visage me dit quelque chose	du kommst mir irgendwie bekannt vor
ya caigo	Ya recuerdo, ya lo sé.	oh yes! I know! I remember!	ça y est	ich hab's
a ver si nos lucimos	A ver si tocamos bien.	let's see if we can put on a great show	pourvu qu'on se distingue	hoffentlich blamieren wir uns nicht

Palabra o Expresión	Explicación o ejemplo	Inglés	Francés	Alemán
CAPÍTULO II				
me dedico a	Me ocupo de, trabajo en.	my job is	je me consacre à	ich beschäftige mich beruflich mit
el alojamiento	El hotel.	lodging.	logement	Unterkunft
media pensión	Dos comidas; desayuno y almuerzo o desayuno y cena.	half-board	demi-pension	Halbpension
ir de puristas	En este contexto significa, que ellos tocan sólo jazz, blues y rock, y que no les gusta tocar canciones comerciales de escasa calidad.	to be snobbish	faire la fine bouche	über-treiben, als Puristen auftreten
hacer mucha ilusión	Apetecer mucho.	to look forward to something	plaire beaucoup	sich sehr freuen
CAPÍTULO III				
se apuntó	Fue también.	joined the group / went to	accompagner	er kam mit
la furgoneta	Vehículo mayor que un coche, pero menor que un camión.	van	camionnette	Liefer-wagen
zarpar	Salir del puerto.	to set sail	lever l'ancre	auslaufen
la cubierta	Parte del barco al aire libre.	deck	pont	Deck
breve	De corta duración.	short	bref, rapide	kurz
atracar	Entrar un barco en el puerto.	to dock	amarrer	anlegen
ultimar los detalles	Dejar todo perfectamente hablado y organizado.	to put the final touches	signaler les détails	die letzten Vorbereitungen treffen
el atasco	Filas de coches que casi no circulan.	traffic jam	un embouteillage	Stau
pensar para sus adentros	No querer expresar sus pensamientos en voz alta.			
la verja	Puerta grande de hierro.	gate	la grille	Gattertor
dar con algo	Encontrar algo tras mucho esfuerzo.	to yo meet, to run into	rencontrer	stoßen auf

Palabra o Expresión	Explicación o ejemplo	Inglés	Francés	Alemán
CAPÍTULO IV				
bocina	Instrumento que se hace sonar en los automóviles	horn	klaxon	Hupe
ganarse al público	Conseguir atraer al público	to win the audience over	triompher	das Publikum für sich gewinnen
CAPÍTULO V				
a las tantas	Muy tarde.	at all hours	très tard	sehr spät
patear	Andar mucho por toda la ciudad.	wander around	parcourir	latschen
superar con creces	Ser mejor de lo que uno piensa.	to be better than expected	être bien mieux	bei weitem übertreffen
un moño	Pelo recogido con horquillas.	bun hairstyle	chignon	Haar-knoten
trasera	De la parte de atrás.	rear	arrière	Hinter-
el pomo	Parte saliente y reondeada de la puerta que cogemos con la mano para abrirla y cerrarla.	doorknob	poignée	Türknauf
la horquilla	Objeto metálico fino que se pone en la cabeza para sujetar el pelo.	hairpin	épingle à cheveux	Haarnadel
abalanzarse	Echarse sobre alguien con fuerza.	to overpower or jump on somebody	se ruer sur	sich stürzen auf, herfallen über
rasgos	Características.	features	traits	Züge
agolparse	Venir a la mente todas las preguntas juntas.	to come one on top of another	se bousculer	über-stürzen, anhäufen,
las muñecas	Parte del cuerpo que une las manos a los brazos.	wrists	poignets	Handgelenke
desmayarse	Perder el conocimiento.	to faint	s'évanouir	ohnmächtig werden
aguzar el oído	Escuchar con muchísima atención.	to prick up your ears	tendre l'oreille	die Ohren spitzen
poner rumbo a	Dirigirse a.	to set off in the direction of	mettre le cap sur	Richtung … fahren
el tuerto	Persona a la que le falta la vista de un ojo.	one-eyed	borgne	Einäugiger

Palabra o Expresión	Explicación o ejemplo	Inglés	Francés	Alemán
la abolladura	Concavidad en una superficie metálica, en este caso debida a un golpe.	dent	bosse	Beule, Blechschaden. Delle
te juro que no lo cuentas	Te juro que te mataré; no tendrás ocasión de contar todo esto a nadie.	I swear you won't live to tell the tale	je te jure que je te tuerai	ich schwöre, daß du nichts mehr sagen wirst
el temporal	Muchas y grandes olas en el mar acompañadas de fuertes vientos.	storm rough weather	tempête	Sturm, Unwetter
contrariedad	Problema, malestar.	hitch	contrariété	Hindernis
el esparadrapo	Banda plástica que puede adherirse al cuerpo usada para curas médicas.	sticking plaster	sparadrap	Heftpflaster
a oscuras	Sin luz.	in the dark	dans l'obscurité	im Dunkeln
romper a llorar	Empezar a llorar intensamente.	to burst into tears	éclater en sanglots	zu weinen anfangen
no te comas el coco	No pienses más en lo mismo. Intenta no preocuparte.	don't dwell on it	ne te casse pas la tête	mach dich nicht dur-cheinander
andar con pies de plomo	Tener mucho cuidado, ser muy prudente.	to proceed very carefully or cautiosly	agir avec précaution	vorsich-tig sein
traficantes de armas	Personas que compran y venden armas ilegalmente.	gun runners / arms traffickers	trafiquant d'armes	Waffenhändler
los tobillos	Parte del cuerpo que une los pies a las piernas.	ankles	chevilles	Knöchel

Palabra o Expresión	Explicación o ejemplo	Inglés	Francés	Alemán
CAPÍTULO VII				
perseguidora acérrima	Que estaba totalmente en contra.	a staunch antismoker	farouchement hostile à	erbitterte Verfolgerin
la colilla	Final del cigarrillo.	cigarette butt	mégot	Zigaretten-stummel
deja tus comentarios para otro momento	No hables ahora.	I don't want to hear your opinion now	ne dis rien pour l'instant	deinen Kommentar kannst du dir sparen
las huellas	Marcas o señales.	prints	traces	Spuren
corroborar	Decir que lo afirmado por alguien es verdad.	to corroborate	confirmer	bestätigen
no echar más leña al fuego	No insistir para no empeorar la situación.	to not make things worse than they already are	ne pas jeter de l'huile sur le feu	Öl ins Feuer gießen
a estas horas	Tan tarde.	at this time of night	si tard	zu dieser Zeit
de un tirón	Sin interrupción, sin descanso, sin pausa.	in one go, straight off	tout d'une traite	ohne abzusetzen
creer a pies juntillas	Creer sin ninguna duda.	to believe something without a shadow of doubt	croire dur comme fer	felsenfest glauben, ver-trauen
CAPÍTULO VIII				
los monosílabos	Palabras que sólo tienen una sílaba como 'sí' y 'no'. Aquí hace referencia a que Salim no tenía ganas de hablar, por eso sólo utilizaba palabras de una sola sílaba.	monosyllables, grunts	monosyllabes	einsilbige Wörter
postizos	Falsos.	false	faux	falsch
el pegamento	Producto que sirve para pegar.	glue	colle	Klebstoff
el panel de salidas	Pantalla donde se anuncian las salidas de los vuelos.	departure board	panneau des départs	Abflugsinformation
leer por encima	Leer sin demasiado interés, sin profundidad.	to glance at or look over something without much interest	lire en diagonale	flüchtig lesen

afable	Amable.	affable friendly, nice	affable	freundlich
perspicaz	Inteligente e intuitivo.	shrewd	perspicace	hellsichtig
no dar señales de vida	No aparecer, ni llamar, ni avisar.	not giving signs of life	ne pas donner signe de vie	kein Lebenszeichen von sich geben
razones de mucho peso	Motivos muy importantes.	good reasons or grounds to believe something	raisons de poids	schwerwiegende Gründe
CAPÍTULO IX				
a coro	Todos hablaron a la vez.	all together, in chorus	en choeur	gemeinsam
con los nervios de punta	Muy alterados y nerviosos.	with your nerves on end or frayed	à bout de nerfs	äußerst nervös
una pista	Un indicio.	clue	piste	Spur
la linterna	Objeto que emite luz porque va cargado con una pila.	torch	lampe de poche	Taschenlampe
el buzón de voz	Contestador automático.	answering system (on a mobile)	répondeur	Anrufbeantworter
acto seguido	Inmediatamente.	straight afterwards	immédiatement après	sofort danach
un tercio	Una tercera parte.	third	tiers	ein Drittel
ligero	Que pesa poco.	light	léger	leicht
los entresijos	En este caso significa 'los secretos' de la ciudad.	the secrets, the ins and outs inner workings	secrets	Geheimnisse
CAPÍTULO X				
el sopor	Adormecimiento.	lethargy	sommolence	Benommenheit, Schläfrigkeit
el ventanuco	Ventana estrecha y pequeña. A menudo tiene valor despectivo.	small window	petite fenêtre	kleines Fenster, Fensterloch

Palabra o Expresión	Explicación o ejemplo	Inglés	Francés	Alemán
no darse por vencido	Continuar insistiendo hasta encontrar la solución.	to not give up	ne pas donner signe de vie	sich nicht geschlagen geben
una trampilla	Pequeña puerta en el suelo que comunica con una parte inferior.	trapdoor	trappe	Bodenklappe, Falle
llorar a mares	Llorar muchísimo.	to cry (your) eyes out	pleurer toutes les larmes de son corps	sich die Augen ausweinen
descerrajar	Quitar una cerradura con violencia.	to break or kick a door open	forcer	aufbrechen
CAPÍTULO XI				
no probar bocado	No comer absolutamente nada.	not to eat a thing (to leave food untouched)	ne rien manger	nichts essen
sentirse reconfortada	Sentirse aliviada, mejor que antes.	to feel relieved	se sentir réconforté	sich gestärkt fühlen
sin falta	Con toda seguridad.	without fail	sans faute	ganz bestimmt
CAPÍTULO XII				
el rape	Pez que tiene una boca inmensa. Es muy sabroso y su precio en el mercado suele ser bastante elevado.	monk fish	lotte de mer, baudroie	See-teufel
la sobremesa	Tiempo en el que se habla sin prisa después de las comidas.	after dinner chat	fait de rester à table pour bavarder	Tischge-spräch nach dem Essen
EPÍLOGO				
hojear	Pasar las hojas para mirarlas y sólo leer lo que nos interesa.	to leaf or flick through (a magazine, newspaper)	feuilleter	blättern
tunecino	De Túnez.	Tunisian	tunisien	Tunesier

COLECCIÓN
LEE Y DISFRUTA

FUERA DE JUEGO, nivel elemental
EL ENIGMA DE MONTERRUBIO, nivel básico
LA BANDA DE PARÍS, nivel medio
LA MAR EN MEDIO, nivel avanzado

COLECCIÓN
CUENTOS, CUENTOS, CUENTOS

CUENTOS, CUENTOS, CUENTOS 1, nivel intermedio
CUENTOS, CUENTOS, CUENTOS 2, nivel avanzado
CUENTOS, CUENTOS, CUENTOS 3, nivel superior

Megan delante

Megan detras